寒区隧道风流—衬砌—围岩耦合传热及抗防冻工程应用

Coupled heat transfer between air flow, lining and surrounding rock in cold regions tunnels and its application in anti-freezing

曾艳华 周小涵 范 磊 朱 勇 杨昌宇 刘新荣 著

人民交通出版社股份有限公司
北京

内 容 提 要

寒区隧道温度场的预测不能忽视长期通风作用的影响,本书通过寒区隧道围岩与风流的对流—导热耦合作用及其应用研究,构建了围岩与风流的流—固—热耦合非稳态分析模型,探明了通风影响下寒区隧道温度场的非稳态演变特征,以及复杂机械通风和列车活塞风对隧道对流—导热过程的影响特性,明确了影响隧道动态温度场分布的关键因素,提出了确定寒区隧道冻害防治范围的计算方法,优化了寒区隧道冻害防治关键设计参数。

本书内容丰富,其研究成果已成功应用于成兰铁路、川藏铁路、白和铁路等相关隧道工程中。对类似工程的设计与施工可提供重要的技术支撑,也可供从事寒区隧道工程的科研、设计、施工和管理人员参考。

图书在版编目(CIP)数据

寒区隧道风流—衬砌—围岩耦合传热及抗防冻工程应用/曾艳华等著. — 北京:人民交通出版社股份有限公司,2021.4

ISBN 978-7-114-16689-1

Ⅰ.①寒… Ⅱ.①曾… Ⅲ.①寒冷地区—隧道—防冻 Ⅳ.①U457

中国版本图书馆 CIP 数据核字(2021)第 029610 号

Hanqu Suidao Fengliu—Chenqi—Weiyan Ouhe Chuanre ji Kangfangdong Gongcheng Yingyong

书 名:	寒区隧道风流—衬砌—围岩耦合传热及抗防冻工程应用
著 作 者:	曾艳华 周小涵 范 磊 朱 勇 杨昌宇 刘新荣
责任编辑:	李 娜
责任校对:	孙国靖 魏佳宁
责任印制:	张 凯
出版发行:	人民交通出版社股份有限公司
地 址:	(100011)北京市朝阳区安定门外外馆斜街 3 号
网 址:	http://www.ccpcl.com.cn
销售电话:	(010)59757973
总 经 销:	人民交通出版社股份有限公司发行部
经 销:	各地新华书店
印 刷:	北京虎彩文化传播有限公司
开 本:	787×1092 1/16
印 张:	9.5
字 数:	219 千
版 次:	2021 年 4 月 第 1 版
印 次:	2021 年 4 月 第 1 次印刷
书 号:	ISBN 978-7-114-16689-1
定 价:	49.00 元

(有印刷、装订质量问题的图书由本公司负责调换)

前　　言

近年来,我国高寒隧道大量涌现,如何有效防治高寒地区隧道的冻害问题,一直是隧道建设及运营中关注的重大技术问题。本书旨在通过隧道围岩与风流对流—导热耦合传热作用分析,为寒区隧道抗防冻设计提供技术支撑。

对于寒区隧道的抗防冻问题,国内外已进行了大量的研究和试验。其研究主要集中在季节性冻胀冻融机理、冻胀力对衬砌结构的影响及冻胀防治措施等方面,但迄今为止,并没有有效解决寒区隧道冻害问题。究其原因是:寒区隧道在风流作用下,衬砌与围岩耦合传热机理及过程极为复杂,长期缺乏系统深入研究,抗冻设防在工程应用中更多凭借经验,防寒抗冻设置范围不合理,导致寒区隧道长期防冻效果不佳的现象尤为突出。

本书主要内容包括隧道传热基本理论、隧道横断面传热分析、隧道对流—导热耦合作用传热分析、隧道对流—导热耦合作用温度场试验研究、寒区隧道温度场的影响特征分析、寒区隧道防寒抗冻设防长度研究、寒区隧道冻害防治关键设计参数研究等。具体来讲,本书采用现场调研、理论分析、软件开发、数值模拟、模型验证、现场试验等多种研究方法,首次将隧道内长期风流流动及外界周期性风温变化纳入到隧道温度场的影响分析中,实现了隧道风流与围岩间对流—导热的耦合传热,系统研究了风流及传热作用对隧道横断面温度场和纵断面温度场的长期动态影响。在自然风、机械通风、列车活塞风和季节性风温对隧道温度场长期动态影响等方面的研究具有开创性。构建了围岩与风流的流—固—热耦合非稳态分析模型,开发了隧道非稳态温度场有限差分计算软件TTCS,实现了长大隧道通风长期影响作用下风流与围岩间对流—导热耦合作用数值计算。

研究成果直接指导了成兰铁路寒区隧道、川藏铁路先期实施工程康定2号隧道(20.722km)和拉林铁路桑珠岭隧道(16.449km)的抗防冻设计,本书的研究成果为高寒隧道抗防冻技术提供了支撑,对即将全面开工建设的川藏铁路其他高寒隧道冻害防治有重要的指导作用。研究方法和结论可供从事寒区隧道工作的科研、设计、施工和管理人员参考。

本书基于国家自然科学基金面上项目"隧道围岩传热机理及风流与围岩间对

流—导热耦合作用分析"(51278426)以及中铁二院工程集团有限责任公司科研项目"寒区隧道风流—衬砌—围岩耦合传热及抗防冻工程应用研究"[院计划11541035(11-12)]的研究成果完成。参与研究的人员有西南交通大学曾艳华、周小涵、刁维科、魏英杰、杨宗贤、花桐森、叶绪谦、刘科麟、黎旭、何省、阮亮红、白赟、张先富、方伟、任小川,中铁二院工程集团有限责任公司范磊、朱勇、杨昌宇、郑伟、朱廷宇,刘新荣等,经过近10年的研究,获得系列研究成果,感谢项目组研究人员多年的辛勤付出!

本书撰写过程中,引用了大量的文献资料,在此深表感谢!

希望本书能为寒区隧道冻害防治设计提供技术支撑。限于作者的水平,错误和不足之处在所难免,敬请读者和有关专家批评指正。

作　者
2020 年 6 月

目 录

第1章 概述 ··· 1
1.1 寒区隧道特征 ·· 1
1.2 隧道防寒抗冻技术现状调查研究 ··· 5
1.3 寒区隧道防寒抗冻存在的问题 ·· 27
本章参考文献 ·· 28

第2章 寒区隧道温度场计算方法 ·· 33
2.1 大气温度及变化 ··· 33
2.2 隧道横断面传热分析 ·· 39
2.3 通风条件下隧道对流—导热耦合作用传热分析 ························ 54
本章参考文献 ·· 62

第3章 隧道对流—导热耦合作用温度场试验 ···························· 63
3.1 室内试验模型 ··· 63
3.2 寒区隧道温度场试验 ·· 68
3.3 寒区铁路隧道温度实测 ··· 78
本章参考文献 ·· 82

第4章 寒区隧道温度场的影响特征分析 ·································· 83
4.1 隧道温度场的影响因素及其敏感度研究 ································ 83
4.2 寒区隧道保温隔热层设置长度的影响研究 ····························· 93
4.3 本章小结 ··· 107
本章参考文献 ··· 107

第5章 寒区隧道防寒抗冻设防长度研究 ································ 109
5.1 西南高海拔寒区隧道抗冻范围研究 ··································· 109
5.2 东北高纬度寒区隧道抗冻范围研究 ··································· 112
5.3 西南寒区与东北寒区隧道温度差异研究 ······························ 115
5.4 基于神经网络的隧道冻结长度预测 ··································· 118
本章参考文献 ··· 126

第6章 寒区隧道防寒抗冻设计及工程应用 ···························· 127
6.1 寒区隧道防寒抗冻设计 ·· 127
6.2 工程应用1:成兰铁路王登隧道 ·· 129
6.3 工程应用2:川藏铁路孜拉山隧道温度场预测 ······················· 133
6.4 工程应用3:白和铁路南山隧道 ······································· 138
本章参考文献 ··· 144

第1章 概　　述

1.1　寒区隧道特征

在寒冷地区修建隧道时，低温风流流入隧道，与衬砌及围岩产生热交换，在风流温度低于0℃的段落，将产生冻害。冻害是隧道常见病害之一，主要表现为洞顶吊冰柱、边墙挂冰溜和路面变冰湖等，影响行车安全。冰冻还易引发各种冻胀，反复冻融变化造成结构开裂，隧道渗漏水病害已成为国内外面临的技术难题，严重影响隧道运营和行车安全。

根据相关资料，地球上多年冻土、季节冻土和瞬时冻土区的面积约占陆地面积的50%，主要分布在俄罗斯、加拿大、中国和美国的阿拉斯加及北欧等地，其中多年冻土面积占陆地面积的25%。我国永久性冻土和季节性冻土的分布区域占国土面积的70%以上，主要分布在西部和北部，而这些地区大多是崇山峻岭。随着我国交通事业的蓬勃发展，在这些地区将会修建一大批的铁路隧道和公路隧道，因而对寒冷地区隧道抗防冻研究是很有必要的。在我国西南地区，除了西藏是多年冻土之外，其他冻土地区多为季节冻土和短时冻土；在东北地区，北部为多年冻土，南部多为季节性冻土。

对于高寒隧道的抗防冻问题，国内外进行了大量的研究。多位学者对季节性和长期性冻胀冻融机理、冻胀力对衬砌结构的影响及冻胀防治措施等进行了较为深入的研究，提出了加强衬砌提高抵抗冻胀的能力、采用保温隔热层和供热等途径防止冻结的发生、加大水沟埋深防止排水沟结冰、加强围岩注浆堵水、设置热泵等抗防冻工程措施。这些工程措施在隧道运营中起到了一定的作用，但是很多隧道仍然出现不同程度的冻害现象。究其原因，是因为在存水寒区隧道中，衬砌结构在运营服务期间要经历强度较大的冻融循环，渗漏与冰冻始终相互影响，互为因果，使消除隧道的冻害问题相对复杂。杜绝冻融循环引起的病害是寒区隧道衬砌结构安全与耐久性设计最核心的内容，目前在技术上完全消除冻融循环引起的上融下冻比较困难，只能利用保温隔热与堵、排、泄相结合的措施，减小或缓解发生冻融循环而造成的冻胀病害，建立预防为主的防御理念。在隧道设计中，往往出现设防长度不够或长度过剩的情况：一些隧道设防长度不够，运营当年就产生严重的冻害；一些隧道则出现两端冻害长度相差极大，一端洞口保温隔热层设置长度过长，而另一端洞口保温隔热层设置长度严重不足。

为了更好地服务隧道抗防冻设计，必须从理论上摸清隧道冻害发生机理，而其首要任务是准确预测隧道贯通运营后的长期温度场时空演化规律。影响隧道温度场的因素，除了隧道所处山体的埋深及地质、气候条件、结构形式等因素以外，隧道运营阶段的洞内通风也是不可忽略的重要因素。隧道内空气—围岩间的对流导热耦合作用是打破隧道原始温度场平衡的关键作用。

1) 高寒地区隧道环境与地质特征

我国从高纬度到低纬度，从高海拔到海拔相对较低都有寒区分布，而且所受的环流系统的影响各不相同，寒区年降水量差别很大，降水充沛的西藏东南部年降水量可达1000mm以上，而在藏北内陆有的地方年降水量尚不足50mm。

我国寒区隧道主要分布于低纬度高海拔和高纬度低海拔地区，主要在西北三省区，包括甘肃、青海、新疆，西南的西藏，四川西部的阿坝、甘孜，云南的滇北、玉龙山和高黎贡山的北部，黑龙江的东北和西北部，以及内蒙古东北部，其中准噶尔盆地、塔里木盆地、河西北部的沙滩地区除外。从分布的山脉来看，包括低纬度高海拔和高纬度低海拔山区，主要分布于西部高山区，包括阿尔泰山区、天山山区和青藏高原及其边缘山区（包括帕米尔、喀喇昆仑山、昆仑山、唐古拉山、念青唐古拉山、祁连山、羌塘高原、冈底斯山、喜马拉雅山和横断山区等）以及东北的大、小兴安岭山区。东北低山高纬寒区，虽然海拔不高，但由于纬度高，受蒙古高压的影响，为我国最寒冷的自然区。西部高原高山寒区，虽然纬度低，但地势高，深居内陆，气候寒冷，属低纬高山高原寒区[1]。

低纬度高山高原寒区地带性十分明显，可以划分为山地高原寒温带、山地高原亚寒带和山地高原寒带。东北高纬度低山寒区具有明显纬度地带性，可以划分为两个自然带，即寒温带和温带。

与一般地区的隧道工程相比，寒区隧道工程最显著的特点是所处环境温度条件，随着自然界四季更迭交替，隧道区域环境气温出现从0℃以上到0℃以下变化的过程，且处于0℃以下的时间较多。虽然隧道埋深较大时，隧道洞身围岩多处于恒温带和增温带内，但周边环境气温直接影响浅埋段岩温和隧道入口风温，使得隧道周边一定范围的围岩反复经历着由非冻结状态到冻结状态的冻融变化过程。这种周期性的冻融过程对寒区隧道结构及防排水系统产生了巨大的影响。

同时，寒区隧道工程的围岩类型随着隧道所在地区地质形成年代、历史地质活动而变化，可谓各有不同。但是，寒区隧道发生冻害的必备条件是地下水的丰富程度。丰富的地下水分布，是隧道围岩和衬砌形成冻融循环的前提。

寒区中，水对各类工程影响是很大的，尤其是深季节冻土区与多年冻土分布区。水包括液相水与固相冰，是造成工程病害的主要因素，这个问题在隧道工程中更为突出，特别是在隧道运营阶段，基本病害几乎都离不开"水"这个因素。根据隧道围岩含水状态、赋存条件与补给条件，隧道有以下几类状态：含固相地下水的冰围岩隧道；封闭、半封闭含液相水的围岩隧道；开放的深层含水围岩隧道；开放的垂直与水平混合补给含水的围岩隧道；干燥围岩隧道。

另外，寒区隧道工程所处山体风场特征对隧道洞口灌入冷空气体积有很大影响。除了隧道内部机械通风和列车活塞风外，隧道开挖贯通后由于两端山体风场特征和海拔气压差引起的隧道内自然风，是影响隧道冻害的关键因素。

2) 高寒地区隧道工程特征

国内外大量寒区交通隧道运营实践经验表明，由于结构防冻功能不足、排水系统冻结堵塞,隧道建成后冬季常常会发生冻害。由于受所处环境温度变化的影响,寒区隧道工程最显著的特点是隧道结构及周边一定范围的围岩可能需反复经历由非冻结状态到冻结状态的冻融循环过程。因此,隧道工程需要抗冻设防,从而抵御温度应力及冻胀作用叠加的周期性作用。

使用不同工法修建的寒区隧道,会导致不同的冻害类型。用矿山法修建的隧道,采用整体式衬砌(先墙后拱或先拱后墙),防排水系统不完善,未设置防水层,导致隧道建成后拱墙交接处渗漏水结冰冻胀,严重影响正常运营。采用新奥法修建的隧道,设置了完善的防排水系统,但未设置保温系统,导致隧道衬砌背部地下水冻结、排水管出水口冻结堵塞,严重影响隧道正常运营。

3)寒区分类

(1)根据规范分类

根据相关规范标准,寒区分类见表1-1。

相关规范标准中的寒区分类　　　　表1-1

规 范 名 称	气候分区指标	区 划 情 况
《民用建筑热工设计规范》(GB 50176—2016)	最冷月平均气温 t_0 为主要指标,日平均气温≤5℃的天数 $d_{\leq 5}$ 为辅助指标,划分为严寒地区和寒冷地区	严寒地区($t_0 \leq -10℃$, $d_{\leq 5} \geq 145$) 寒冷地区($-10℃ < t_0 \leq 0℃$, $90 \leq d_{\leq 5} < 145$)
《建筑气候区划标准》(GB 50178—1993)	最冷月平均气温 t_0 为主要指标,日平均气温≤5℃的天数 $d_{\leq 5}$ 为辅助指标,划分为Ⅰ区、Ⅱ区、Ⅵ区、Ⅶ区	Ⅰ区:($t_0 \leq -10℃$, $d_{\leq 5} \geq 145$):黑龙江、吉林全境;辽宁大部;内蒙古中、北部,山西、陕西、河北、北京北部的部分地区。 Ⅱ区:($-10℃ < t_0 \leq 0℃$, $90 \leq d_{\leq 5} < 145$)天津、山东、宁夏全境;北京、河北、山西、陕西大部;辽宁南部;甘肃中东部,河南、安徽、江苏北部的部分地区。 Ⅵ区:($-22℃ < t_0 \leq 0℃$, $90 \leq d_{\leq 5} < 285$)青海全境;西藏大部;四川西部、甘肃西南部;新疆南部部分地区。 Ⅶ区:($-20℃ < t_0 \leq -5℃$, $110 \leq d_{\leq 5} < 180$)新疆大部;甘肃北部;内蒙古西部
《水工建筑物抗冰冻设计规范》[GB/T 50662—2011(住建部)和NB/T 35024—2014(能源局)]	最冷月平均气温 t_0	严寒($t_0 \leq -10℃$) 寒冷($-10℃ < t_0 \leq -3℃$) 温和($t_0 > -3℃$)
《水工混凝土结构设计规范》(SL 191—2008)		严寒($t_0 \leq -10℃$) 寒冷($-10℃ < t_0 \leq -3℃$) 温和($t_0 > -3℃$)

续上表

规范名称	气候分区指标	区划情况
《混凝土结构耐久性设计规范》（GB/T 50476—2008）	最冷月平均气温 t_0	严寒（$t_0 \leq -8℃$） 寒冷（$-8℃ < t_0 < -3℃$） 温和（$-3℃ \leq t_0 \leq 2.5℃$）
《铁路混凝土结构耐久性设计规范》（TB 10005—2010）		
《铁路隧道设计规范》（TB 10003—2016）		

交通行业标准《季节性冻土地区公路设计与施工技术规范》（JTG/T D31-06—2017）根据区域冻结指数对季节性冻土区进行划分，见表1-2。

季节性冻土区划分　　　　表1-2

冻区划分	重冻区	中冻区	轻冻区
冻结指数 $F(℃·d)$	$F \geq 2000$	$800 \leq F < 2000$	$50 < F < 800$

其中，冻结指数 F 可根据调查情况的区域气温资料按下式确定：

$$F = \sum_{i=1}^{n} |t_i| \tag{1-1}$$

式中：F——冻结指数（℃·d）；

t_i——日平均负温度指数值（℃·d）；

n——计算年平均温度为负温度值出现的天数（d）。

（2）中科院寒旱区研究所分类

中科院寒区旱区环境与工程研究所研究员丁永建在《中国寒旱区地表关键要素监测科学报告》一书中提出，寒区可采用最冷月平均气温<-3℃、平均气温>10℃的月份不超过5个月和年平均气温≤5℃共三项指标来划分；并按降雨量将旱区划分为干旱区（<200mm）和半干旱区（200~450mm）。

（3）总结

①按温度和冻结深度分区

寒区气候环境影响因素主要包括当地最大土壤冻结深度、极端最低气温、年（月）平均气温、最低月平均气温、年平均降雨（雪）量及季节分布、日照时间、风向、风速、区域冻结指数等。一般情况下，可根据最冷月平均气温及黏性土最大冻结深度将寒区划分为寒冷地区和严寒地区，见表1-3。

按温度和冻结深度建议分区　　　　表1-3

气候环境分类	气候条件	
	最冷月平均气温（℃）	黏性土最大冻结深度（m）
寒冷地区	-8~-3	≤1.0
严寒地区	≤-8	>1.0

②按地理位置分类

我国的寒区按地理位置还可划分为高纬度寒区和高海拔寒区。

东北寒区属于低山高纬度寒区,受北冰洋寒潮及蒙古高压的影响,寒季盛行西北风,形成半年持续低温、干冷多雪的气候特征,气温变化剧烈,是我国最寒冷的自然区域。

而以青藏高原为代表的西部寒区属低纬度高原寒区,受高空西风环流控制,对流层底层受高原季风影响,冬季高原上大气层对等高度的自由大气是个冷源,形成青藏高原冷高压,盛行反气旋环流。

1.2 隧道防寒抗冻技术现状调查研究

1) 隧道温度场计算与试验

在国外对隧道温度场计算方法研究有以下发展过程:Bomacina C(1973)[2]等推导了带相变传热问题的控制方程,考虑相变潜热,求得了非线性解;G Comini(1974)[3]等进行了非线性热传导问题的有限元计算,计算模型采用不需迭代的中心自稳算法,将相变潜热假设为材料热容的变化;Tailor GS(1978)[4]等建立了土壤冻结过程中的温度和水分迁移计算模型,计算模型使用了隐式有限差分格式;Averin G V、Yakovenko A K(1990)[5]研究了矿井中气流的湍流状态和传热系数取值,为洞内气流温度场计算提供了依据;Jacovides C P(1995)[6]等建立建筑地下管道系统空气和地层温度场的计算模型,同时考虑了传热和传质方程;Suneet S、Prashantk J(2008、2009)[7-8]等推导了极坐标下瞬态传热模型的多层介质径向传热分析方法,各层介质使用非均一距离步长和均一时间步长;Bronfenbrener L(2009)[9]应用 Stefan 问题求解的方法,实现了土层在冻结过程中的温度场解析解的计算;Toutain J(2011)[10]等进行了传热模型的拉普拉斯变换的数值反演研究,研究了傅立叶变换在传热问题中的可靠性。

在隧道温度场的计算理论方面,虽然国内学者的研究起步较晚,但是近 20 年来取得了可喜的成就。从众多研究成果可以看到,国内学者在隧道温度场的计算方法上主要研究了解析解法、有限元法、有限差分法等,并在多场耦合方面进行了大量尝试,计算模型越来越能体现多层介质的隧道实际结构形式,也趋向于更加全面地考虑隧道原始岩温分布、入口风温风速条件、围岩合理热物理参数、相变潜热等因素对温度场的影响。

赖远明等(1999、2001、2004)[11-13]研究了寒区隧道温度场、渗流场和压力场的非线性耦合模型,推导了圆形隧道的温度场解析解,提出了寒区隧道隔热层的设计方法;张学富等(2002、2003、2004)[14-16]根据考虑相变的瞬态温度场控制微分方程,应用 Galerkin 法推导出三维有限元计算公式,进行了算例分析,研究了保温隔热材料,提出了寒区隧道的最佳施工时间;何春雄等(1999、2000)[17-18]推导了洞内层流和紊流条件下隧道温度场的计算公式,同时介绍了计算参数的取值方法;张国柱、夏才初等(2010、2012)[19-21]建立了寒区圆形断面隧道传热模型,利用叠加原理及贝塞尔特征函数的正交及展开定理,求得了洞内气体年平均气温及年温度振幅,利用分离变量与拉普拉斯(Laplace)变换相结合的方法,得到有保温隔热层的寒区隧道瞬态温度场的显式解析解;张耀等(2009)[23]根据现场实测的气温资料,建立了衬砌、隔热层、二次衬砌及围岩4层结构的圆形隧道热传导方程并求得其解析解;冯强、蒋斌松等(2014)[24]采用Laplace积分变换方法得到了没有相变发生时寒区隧道温度场的解析方法,得到了保温隔热层厚度与大气温度和原始岩温的关系函数;晏启祥等(2005)[25]利用三维瞬态有限元程序,分析了不设置隧道保温隔热材料及设置3cm厚保温隔热材料情况下二次衬砌及围岩的温度变化过程、温度应力分布;谭贤君等(2013)[26]开展了低温冻融条件下岩体温度—渗流—应力—损伤(THMD)耦合模型研究及其在寒区隧道中的应用研究,用CFD软件分析了寒区隧道内湍流分布及气流与围岩的传热特性,建立了相变状态下多孔介质的三态(冻结、正在冻结、未冻结)计算模式;邵珠山等(2013)[27]得到了高地温隧道包含温度场、位移场和应力场的热弹性理论解。

在温度场计算中涉及的热力学参数(如导热系数、体积热熔等)的合理取值是温度场准确计算的前提。

国外,Kay B D 等(1981)[28]通过测定不同温度下的土壤导热系数,分析了其对土层温度场的影响;Pande R N(1984)[29]等推导了两相介质的整合热传导率取值方法,用实验模型进行了验证,为寒区隧道温度场计算中材料参数取值提供了参考;Park C 等(2004)[30]为了研究韩国地下页岩气的开采,对花岗岩和砂岩的比热、热导率和热膨胀系数进行了 -40~160℃温度范围内的测定,实验结果表明,热导系数随温度降低而增大,但是变化不大,但比热、热膨胀系数随温度降低而降低,降幅较大;Taler J(2007)[31]利用传热的逆分析方法推导了局部热传导系数,采用线性和非线性最小二乘原理测定流体温度。

国内,吕康成、水伟厚、裴捷等(2000、2002、2004)[32-34]根据实测隧道围岩温度,采用一维热传导模型、古典显式差分格式和最小二乘法,对强风化花岗岩的导温系数进行了反分析;Zhang 等(2007)[35]提出了随机混合介质模型,可以实现对土的导热系数的计算;刘玉勇等(2008)[36]通过室内试验指出,热带法或热线法测试较低热导性能固体材料的导热系数是可行的,测得雀儿山隧道工程的不同深度花岗岩样的导热系数 λ 值为 3.15~3.56W/(m·K),导热系数数值 λ 随温度上升而增大;贵州工学院的董海燕(1987)[37]根据现代传热学的发展成果,结合矿井井下的实际情况,分别给出在考虑巷道摩擦系数、巷道壁面潮湿情况以及风流物性参数变化等诸因素的条件下,巷道壁面与风流间对流换热系数的计算公式,以及井下火灾情况下矿井复杂换热系数的算式;辽宁工程技术大学的周西华(2002)[38]等人通过对矿内风流与巷壁换热过程的理论分析,得出了围岩与风流的不稳定对流换热系数的解析式、理论解和实用式。

同时,在寒区隧道温度场的测试分析方面也有许多突破。

在国外,美国的 CRREL(Johansen 等,1988)[39]机构从1963年开始对Alaska的多年冻土隧道进行了长期的科学研究,获得了一系列有用的科研成果;苏联 Beiagan 山铁路隧道(Труъчиков,1990)[40]的设计和施工研讨中,学者对不同长度隧道的温度分布规律做了分析,发现隧道的出入口段温度和当地气候及列车行驶方向有关。

自中华人民共和国成立以后,我国陆续建造了大量寒区隧道工程,取得了大量工程实践经验。在此基础上,为了弄清实际寒区隧道的温度变化规律,积累实际情况下的各类数据参数以对下一步的设计和研究提供支撑,学者们更加专注于对实际施工和运营中的寒区隧道进行温度数据和气候条件等的采集与研究。其中包括了对寒区隧道区域气候条件、隧道设计参数的调研,对施工中和运营中的隧道内气流和围岩等温度场、冻结情况的测试与分析,对采用了保温隔热措施的寒区隧道的调研与测试等。

何海仁等(1983)[41]通过对实际寒区隧道的现场观测和调研,讨论了不同隧道衬砌形式、水沟及盲沟埋置深度、保温水沟设置长度、衬砌伸缩缝间距等与隧道内的气温或围岩冻深的关系;吕康成等(2001)[42]在隧道围岩温度实测的基础上,分析了隧道在春融期发生渗漏的原因,并根据隧道横断面上冻结线与防水层的相对位置,分析了渗漏发生的时间段;王大为等(2001)[43]介绍了寒区公路隧道围岩温度测试方法,分析了围岩温度随深度和时间的变化规律;赖远明等(2004)[44]通过分析观测数据,发现在隧道进出口安装保温门的保温效果比安装防雪棚的保温效果好,更有利于防止寒冷地区由于冻融而导致的破坏;谢红强等(2004)[45]对鹧鸪山隧道的结构和围岩温度场进行了实测研究,在此基础上,对不同材料及厚度保温材料的隧道温度场进行了 ANSYS 有限元分析,并现场观察了保温隔热层的保温效果;张宪军(2005)[46]在昆仑山隧道洞内设置了11个测试断面,布设了测温元件,对围岩和隔热层两边的温度进行了测试,对气温、地温及隔热层内外温度分布特征进行了分析;赖金星等(2007、2012)[47-48]采用埋入式铂金属热敏电阻测试方法,对地处青藏高原东部的青沙山公路隧道地温场进行现场实测与分析;罗建斌等(2008)[49]以某 185m 长的寒冷地区公路隧道为依托,选择 11 个测试断面,对隧道拱顶、拱腰、边墙和路面四个部位的温度进行 1.5 年的长期测试,发现防水夹层对隧道保温隔热是有利的;周小涵等(2016)[50]对东北高纬度浅埋隧道的温度场进行了现场测试,结合隧道设计和施工情况,总结了高纬度浅埋隧道的冻害形成机理和防寒抗冻方法。

2) 隧道防寒抗冻措施研究

国外如挪威、俄罗斯、加拿大、日本等国家都采用了保温防冻措施对寒区隧道进行保护:Okada K 等(1985、2005、2006)[51-53]对衬砌表面保温隔热材料及双层衬砌对防渗水及抵抗周期冻融的作用进行了研究,讨论了不同保温隔热层厚度和不同地层的影响,立石俊一(1990)[54]讨论分析了寒区山岭隧道的防水关键技术;Jaby 等(1991)[55]分析了用于隧道防水及隔热的材料类型、施工方法及投资费用;Kawamura T(2008)[56]等研究了寒区隧道隔热层设置中的内部温度估计方法;在挪威,技术人员研究了加热器结合双层隔热门的联合抗防冻作用,并用于排水沟的加热处理;Sandegren E(1995)[57]提出了寒区隧道隔热层的设计方法并对其隔热效果进行了观察;Sodha M S 等(1990)[58]研究了寒区隧道的最佳长度及其冷热潜能;Einar E(2002)[59]等介绍了挪威隧道衬砌系统的设置情况及其防寒抗冻的考虑,介绍了双层衬砌隔热处理的施工技术。

在国内,目前寒区隧道防寒抗冻措施分为供热法、防寒门及遮阳棚法、敷设隔热材料法等。供热法在国内逐渐兴起,张国栋、夏才初等(2012、2015)[60-62]将地源热泵供热系统应用于内蒙古博牙高速公路林场隧道中,计算发现,随着隔热层厚度的增加,隔热层材料费呈线性增加,供热消耗的电费呈递减趋势,材料费与电费之和呈递减趋势。

隧道防寒门等在国内也有研究,其具有一次性投入、美观、成本低等优点,但是不能满足目前高铁等速度快、运营密度大的要求。何春雄等(1999)[63-64]根据隧道温度场的计算方法,在大坂山公路隧道设置了防寒保温门,研究表明,其能有效地抵御严寒气候下冬令期冷气流的侵入,防止围岩层多年冻结圈的形成,提出在青藏高原东部地区为低于年平均气温 −1℃ 的严寒地区可设置防寒保温门的适用范围。马培君(2001)[65]指出,防寒门受交通量影响大,只能在小交通量或有定点时刻的铁路隧道适用。

敷设保温隔热材料法目前在国内寒区隧道中被大量采用,从设置位置分为中隔式、贴壁式、双隔热式、离壁式等形式。实践中发现,该方法能有效发挥保温隔热的作用,但是经常出现设计保温隔热材料敷设长度和厚度不足的问题。所以,仅靠经验法不能满足工程设计的要求,该方法有更高的理论和技术要求。邓刚等(2008)[66]采用一维传热理论解分析了保温层厚度、离壁距离、隧道内通风温度等因素对离壁式衬砌结构温度分布的影响;张耀等(2009)[67]根据热流连续定律,计算隧道围岩的热流量及含隔热层和衬砌隧道围岩的热流量,采用当量换算法推导出寒区隧道隔热层厚度的计算公式;夏才初等(2013、2015)[68-69]推导了考虑衬砌和隔热层的寒区隧道温度场解析解,针对不同类型冻土段隔热(保温)层厚度的计算方法进行研究;姚红志、张晓旭、董长松等(2015)[70]采用ANSYS有限元软件分析了不同隧道保温隔热层铺设方式下的温度场变化,利用模糊综合评价方法对保温材料性能进行了对比分析,提出了多年冻土隧道的隔热层铺设方式和不同部位的合理隔热层材料。

实际上,在工程实际设计和施工中,隧道的防寒抗冻主要体现在保温隔热措施、供热保温措施、防排水措施、衬砌结构抗冻优化等方面,具体介绍如下。

(1)隔热保温措施

①洞口保温

高寒隧道冻土区的隧道洞口极其不稳定,容易因爆破、施工或水泥水化放热等原因而受到扰动,从而引发坍塌。洞口开挖后,土体温度受施工等因素的影响而升高,原有的热平衡状态被打破,冻土中的结晶水很快会融化而变成融土。融土一旦受扰动,很容易失稳,从而导致坍塌。在青藏高原等高寒山区,融土坍塌普遍存在。在工程中需要对融土坍塌进行整治。

洞口保温门和防寒遮挡设施的设置,可以阻挡外部环境空气流入洞中,有效防止洞内温度受洞外空气的影响而变化,从而减少洞内冻害的发生。在洞口设置保温门等措施施工成本较低,我国高寒隧道广泛采用这种保温方法,保温效果显著,但是缺点是可能影响往来车辆的正常通行,不适宜在交通量大的隧道设置。

②隔热材料法

寒冬季节,围岩与洞内冷空气的热量交换是隧道产生冻害的一大主要原因。依据热力学原理,导热系数越大,热量的传递就会越强。利用这一原理,在围岩与衬砌间加铺一层隔热材料,可以有效阻挡洞内空气与围岩的热量交换,从而达到保护隧道的目的。我国高寒隧道多采用此方法,风火山隧道、昆仑山隧道等效果很理想。按隔热材料在隧道布设位置的不同,可以将隔热层法分为以下三种:

a.外隔热层法

在隧道衬砌内表面直接铺设隔热材料的方法称为外隔热层法(贴壁式),如图1-1所示。外隔热法可以选用一般强度和密度的隔热材料,但是要求材料具有较好的阻燃性。此法较易达到隔热效果,而且施工简单、维修方便。

外部隔热法较难安装隔热材料,并且需要做防火处理。由于保温材料的覆盖,如果衬砌发生一些结构性破坏,不易发现。此外,一般保温材强度不高,如果没有专门的看管或保护措施,容易受到人为或者车辆的撞击而损坏。

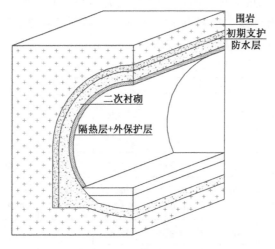

图1-1　外层隔热法

b. 离壁式隔热层法

如果不考虑空气对流热交换,空气的导热系数很低[约0.03W/(m·k)],在隧道隔热设计时,用空气作为隔热层更有利于保温。在隧道初期支护与隔热材料间增加一层空气,就是离壁式隔热法的原理。空气的隔热效果很好,离壁式隔热层法就是利用空气隔层保温作用来防止围岩冻结。空气层的厚度与隔热材料相近时,保温效果最好。

c. 中间隔热层法

中间隔热层法又称夹心隔热法,如图1-2所示。此法是在初期支护和围岩之间铺设隔热材料,衬砌混凝土是暴露在冷空气中的,所以运用此法保温时对衬砌混凝土有较高的抗冻要求。且作为衬砌结构的一部分,隔热层必须有一定的强度和弹性。但当隔热层的强度和弹性越高,其保温性能就会越差;要保证隔热层的保温性能,就要牺牲一定的材料强度和弹性性能。同时,隧道拱顶衬砌与隔热层之间有一定空隙,易积水,存在一定的冻胀隐患。

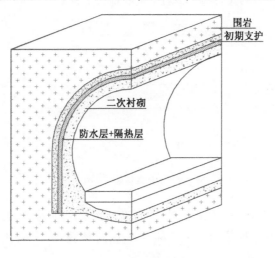

图1-2　中间隔热法

由于在保温材料铺设后进行二次衬砌施工,所以在二次衬砌焊接钢筋时容易引发火灾,并且施工可能会导致保温材料的异位和破坏。此外,运用此法一旦发生材料损坏,保温材料的维修更换困难,只能通过凿开隧道二次衬砌来实现,所以后期维修需要较高的费用。

现行保温材料的主要技术指标对比见表1-4。

现行保温材料的主要技术指标对比   表1-4

性　能	酚醛泡沫	聚氨酯	聚苯乙烯	高压聚乙烯	橡塑	岩棉	玻璃棉	福利凯
施工密度(kg/m^3)	41~100	25~40	30	22~30	80~150	100	60	40
耐热(℃)	190	90~120	70	60~70	106	500	300	300
耐冷(℃)	-180	-110	-80		-40	-60	-60	-196
导热系数(常温)[$W/(m·K)$]	0.02~0.033	0.022~0.036	0.033~0.04	0.029~0.035	0.031~0.036	0.033~0.064	0.03~0.042	0.026~0.033
可燃性	难燃	助燃	易燃	易燃	易燃	不燃	不燃	不燃
燃烧气体毒性	无毒	有毒	有毒	无毒	有毒			
抗老化性	最好	差	差	差	良	好	好	好
抗化学溶剂性能	好	不好	不好	不好	良	不好	不好	不好
吸水率(kg/m^3)	0.02	0.03	0.2	0.02	0.3	<2	<2	<6
抗压强度(MPa)	0.216	0.127	0.107	0.033	0.03	0.107	0.107	0.246
最大遮光率(%)	3	95	40	95				
最大遮光时间	165	17	6	31				

③空气幕技术

空气幕技术示意图如图1-3所示。空气导热系数低,将空气幕设置于隧道洞口处,能减少隧道内外的热交换,达到保持洞内温度的效果,从而达到有效缓解冻胀和保证排水畅通的目的。空气幕对正常行车的影响比保温门要小,而且有利于检查和维修。

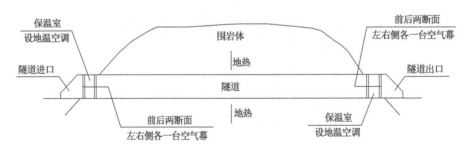

图1-3 空气幕技术示意图

目前在隧道保温中空气幕技术应用并不多,但在超市、商场、医院等建筑门口处经常看到。因此,结合其他防寒保温措施,空气幕技术在高寒隧道工程中此技术具有一定的可行性。

(2)供热保温措施

①防水层和衬砌之间设置电热带

在隧道衬砌和防水层之间设置电热带来供热,可有效提升洞内温度,达到隧道防寒保温的目的。该技术的成本比较高,运营费用也很大。对川西、藏东高海拔地区,太阳能和地热资源丰富,利用新能源技术为加热和保温提供热源,值得进一步的研究和探讨。

同济大学开发和研制的发明专利"隧道洞口段衬砌加热系统",在隧道洞口段衬砌设置加热系统,包括取暖管路、地源热泵和供暖管路,其中取暖管路、供暖管路均埋设于隧道中,且分别与地源热泵连接,各自形成循环回路。隧道洞口段衬砌加热系统可以彻底根除隧道冻害,将地源热量的热交换管理设于初期支护与二次衬砌之间,替代传统地源热量埋管所需的地下钻孔,还可以节省部分初期建设投资,供热管埋设于二次衬砌与保温层之间。该系统可利用隧道围岩地热,在应用过程中,需进一步克服取热效果不稳定及后期养护维修困难的缺点。

在图珲高速公路建设中,采用了电伴热系统的寒区隧道洞口段供热保温防冻技术措施,为寒区隧道防冻设计提供了新思路、新途径,东南里隧道用电伴热系统使低温季节隧道衬砌混凝土温度不低于0℃。加热功率100W/m² 隧道衬砌保温采用4cm 聚氨酯泡沫板,外保护层采用外观效果好、强度较高的6mm 玻璃纤维增强硅酸钙板。2010年8~10月,首次成功实施了隧道衬砌保温隔热系统试验段工程。衬砌电伴热系统现场测试表明,4cm 保温层下没有加热时衬砌背后出现负温,通电1h 后,衬砌背后温度开始升温,3h 之后衬砌背后温度基本稳定,发热电缆"热阻效应"明显,验证了保温隔热层的洞口保温结构的可行性及有效性。如图1-4 和表1-5 所示。

 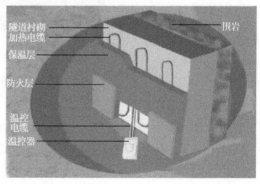

图1-4 电伴热衬砌保温系统

隧道电伴热系统设防长度建议值(m)　　　　表1-5

隧道长度(m)		气温(℃)				
		-10	-15	-20	-25	-30
500	200	35	35	45	60	80
	200~500	30	40	45	55	70
500~3000		30	35	40	50	70

②中央排水沟发热电缆

高寒隧道中,中央排水沟一般埋设在冻结线以下,保证水沟内的水不会被冻。但是在极寒隧道中,冻结线较深,排水沟不得埋设于冻结区域,通过在中央排水沟中布设保温盖板,并布设发热电缆,当温度低于0℃时自动发热,对水沟进行加热保温,保证水不被冻结。

③阳光棚技术

阳光棚与空气幕类似,只是阳光棚是利用太阳的热量提升棚内温度,并将棚内热空气通过车流带入隧道内。阳光棚节能环保,成本低,并且检查维修方便。该法在西藏、新疆等阳光充足的地区较为适用,阳光棚技术如图1-5、图1-6所示。

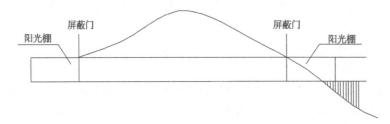

图1-5 阳光棚示意图

图1-6 S317线剪子湾山隧道阳光棚

(3)防排水措施

防排水的处理在高寒隧道中至关重要,"防、排、截、堵"相结合,根据不同的地质条件选择不同的治理方式,综合考虑,防排水是隧道中水处理的关键。科学的设计与施工,保证排水畅通,排水系统经济合理是需要慎重考虑的问题。为保证隧道正常运营,应该对地表水和地下水进行妥善处理,保证在整个隧道内形成完整的排水系统。

寒区隧道防冻问题的关键是排水。我国寒区隧道排水沟主要有防寒泄水洞、中心深埋水沟、保温水沟、采暖式水沟等。

①排水措施

a.防寒泄水洞

防寒泄水洞是隧道排除地下水的主要措施之一,形似小隧道,位于隧道下方,并且使相对应的孔、洞和衬砌后面的排水系统连接,从而尽量将地下水排除,减少因围岩中地下水冻结而产生的冻胀力对衬砌结构造成的损坏,有效防止隧道路面结冰和拱顶、衬砌挂冰等问题。在高寒地区有地下水的隧道排水方案中,泄水洞排水方案安全稳妥、应用广泛,排水效果比较理想,能够消除由于地下水给隧道造成的危害,缺点是投资较高,施工比较困难。

b. 深埋水沟

深埋水沟是把水沟埋设于隧道内相应的冻结深度之下,利用地下水的初温达到冻融平衡起到防冻的目的。这种方式排水效果较好,主要缺点是隧底拉槽使开挖面距衬砌边墙基底的距离较近,加之爆破开挖的振动对衬砌基础的稳定及衬砌结构的安全产生不利影响。尤其软弱围岩地段在隧道底部挖深槽,可能会威胁整个衬砌的稳定。此外,由于岩层开挖爆破,几乎全部衬砌的表面被炸成麻面,衬砌表面受到破损,坑洼不平,有的深达 3~5cm,外观不美观,对工程质量也产生不利影响。

c. 保温水沟

保温水沟造价较低,施工方便,是严寒地区隧道排水的一种基本形式。其存在主要问题是由于隧道内特有的阴暗潮湿的环境,保温材料很难保持良好的状态,失去保温作用。另外,出水口若处理不好,容易冻结并逐渐延伸至水沟,造成冻害。

d. 采暖式水沟

有的隧道采用通暖气、通热风和生火炉的措施,是一种不得已的处理方法,运营成本很高。

②注浆止水

一般隧道围岩中地下水含量较丰富,隧道围岩整体较破碎的山体中,地下水会比较活跃。水的流动通道可以通过注浆来截断,达到减缓隧道围岩中的水流动的目的,有利于改善隧道衬砌挂冰、路面冒水积冰等病害,减轻隧道围岩和衬砌的冻胀力,有效避免衬砌和围岩因为岩体的反复冻融而发生结构性破坏。注浆止水法简捷,而且效果明显,是目前最常用堵水措施之一。操作方法为将注浆材料配置成一定浓度比例的浆液,然后把浆液压送到围岩裂隙中,使其凝固,最终达到防渗补漏。在预防水对钢筋的腐蚀方面,注浆止水比表面封闭法更为有效。

③表面封闭法

表面封闭法一般在主动防水和大面积防水中适用,有时也可应用于围岩裂隙防水处理。聚氨酯防水橡胶涂膜常被用于表面封闭,先用此材料把裂隙表面进行封闭,而且不用凿槽处理,沿着裂隙方向铺筑即可。这种材料的强弹性等自身强度特性能在以后裂隙的发展中起到很大的作用。表面封闭法适用于衬砌的裂缝处理中,可以有效防止裂隙水渗出而受冷形成冰柱等,处理起来简单而高效。

④铺设防水材料

防水板和止水带等材料广泛应用于隧道防水中。防水材料的柔性和耐久性直接影响防水系统的使用年限,特别是在低温环境中,防水材料容易受冷脆化,一旦发生隧道结构变形,很容易使这些材料形成损伤,所以高寒隧道中防水材料的选择也要慎重,应该选择柔性好、耐久度高的材料。

通过增加铺设土工布的层数和厚度,对防水板可以起到一定的保护作用,土工布可以缓冲围岩结构压力,同时能过滤围岩的渗水,合理布置土工布可以较好地发挥隧道防水板的功效。

铺设防水层时,混凝土表面的粗糙程度也会对防水层的完整性产生影响,喷射混凝土的表面相对比较粗糙,未经处理直接铺设防水层会对防水材料造成破坏。通过处理喷射混凝土表面,磨去其棱角后再铺设防水材料,能有效防止防水层的磨损,有效发挥其防水性能。隧道中防水结构的长期完整性很重要,可根据不同的围岩等级对喷射混凝土采取不用的光滑处理措施。

⑤其他

a. 波形排水管

高寒隧道排水系统中,水的流速过慢会导致其结冰。在设计中应加大排水管纵坡度,使水流速增大,也可以有效解决排水系统中水流不畅问题。小盘岭隧道的排水系统就是采用波形排水管的一个成功案例。

b. 地表水处理

将截水沟设置在洞口仰坡外边缘,可以将坡面的积水引入排水沟内。用浆砌块石铺筑截水沟,并且恢复原有植被对水分起到阻挡作用。同时整治隧道顶部的天然沟槽,使排水系统通畅。在洞顶范围内的凹凸沟槽、山丘处进行回填和削平。堵塞洞顶的底面裂隙,以防止地表水下渗。

c. 出水口设置

排水系统出水口的设置在高寒隧道中至关重要,高海拔山区气温一般低于0℃,出水口设置不当会导致出水口结冰拥堵,这会使整个隧道排水系统陷入瘫痪。可以通过加大出水口位置坡度的方法,排水系统中水流速度会因坡度的增大而变大。此外,出水口的设置要选择在朝阳、背风侧,保证排水通畅。还可以通过对隧道出水口段进行特殊改造,如采用特殊具有保温效果的材料或者在隧道出口段开挖出一段陡坎等。

(4) 隧道衬砌结构优化

①减小衬砌弹性模量

弹性模量会对衬砌冻胀力值有影响。弹性模量越大,衬砌自重的初应力减小,冻胀附加应力会增大;弹性模量越小,隧道衬砌自重初应力会变大,冻胀附加应力会减小。因此隧道衬砌可以通过减小弹性模量的方法来使冻胀力减小。

②衬砌柔性化

在围岩和初次衬砌之间加一层弹性夹层,对水体因结冰而导致的膨胀变形有一定的缓冲作用,进而能减小隧道的冻胀力,最终达到有效防治高寒隧道冻害的效果。

③优化结构设计

在设计中按承受结冰冻胀力设计初期支护。按照刚度分配原则,冻胀力随衬砌刚度和衬砌厚度增大而增大,所以加大衬砌截面尺寸并不能有效防止开裂。高寒隧道结构设计中,应依据计算而采用钢筋混凝土结构,强度应大于C30。同时,在边墙等易发生损坏的结构处,应采用变截面同时加配筋的方法来增加结构强度。

④优化混凝土

提高寒区隧道防冻胀能力的另一途径是提高混凝土自身的性能,主要包括抗冻、抗渗性能的提高。

通过添加良好减水剂和优质的集料等减小其水灰比,能有效提高混凝土的抗冻性能。减水剂能对混凝土中的独立气泡起到均匀连通的作用,缓和水分冻结导致的膨胀力。良好的集料和水灰比的减小可以有效提高混凝土强度。

混凝土中普遍存在一定的孔隙,其中水的冻结产生冻胀力,从而使孔隙变大,孔隙变大后孔隙中水的冻胀力会更大,从而使混凝土结构产生更大的冻胀力,经历几个冻融循环后,会严重影响混凝土的结构稳定性。因此,可以通过提高混凝土的密实性,来从根源上减小混凝土结构内的冻胀力,有效减小隧道衬砌混凝土的冻害。

引气剂防水混凝土是在混凝土拌和物中掺入微量引气剂配制而成的防水混凝土。在混凝土拌和物中加入引气剂后,将产生大量密闭、稳定和均匀的微小气泡,从而使毛细管变得细小、曲折、分散,减少了渗水通道。由于引气剂防水混凝土中适宜的气泡组织提高了混凝土的抗渗能力,使水不易渗入,从而减小了混凝土冻胀破坏的可能。更主要的是混凝土中引入了无数微小的密闭气孔,提高了混凝土的变形能力,减小了由于冻融交替作用所产生的体积变化和内应力,提高了混凝土抗冻胀破坏的性能。目前常用的引气剂主要有松香酸钠和松香内聚物等。

3)寒区隧道抗防冻设计现状

(1)川西、藏东公路隧道抗防冻设计

通过对16座川西、藏东地区公路隧道抗防冻措施的调查,可以看出该地区的公路隧道洞口位于海拔3000~4235m范围,最冷月平均气温-1.6~-9.6℃,最大冻结深度0.14~1.43m。

洞口抗冻设防段隧道结构采用钢筋混凝土衬砌,混凝土抗渗等级采用S8,没有特别考虑冻胀力因素。结构抗冻设防段长度设计:隧长<1km按全隧设置;隧长1~3km多数按全隧设置,少数按洞口500m设置;隧长>3km按洞口500~800m范围设置。

保温板均采在二次衬砌表面铺设,保温板设置长度与抗冻设防段长度相同,保温板厚度4~5cm,材料多数为酚醛泡沫,少数为聚氨酯泡沫。

围岩注浆堵水主要针对洞口段围岩破碎、地下水丰富地段,采用初期支护后径向注浆。排水沟主要采用中心深埋水沟,埋置于洞内相应的冻结深度以下。

将调研资料与《公路隧道设计规范》《寒区公路隧道设计标准》《季节性冻土地区公路设计与施工技术规范》对比,可以看出:

公路规范规定"最冷月平均气温低于-15℃的地区隧道应考虑冻胀力"。该地区公路隧道温度均高于此温度,在隧道结构设计时不需考虑冻胀力。季节性冻土地区公路设计与施工技术规范中提出的无伴热时隧道保温隔热设防长度要求"洞口保温隔热设防段长度在300~1500m",见规范表8-1(表1-6)。该地区公路隧道保温隔热设防长度均大于规范建议值,为规范建议值的1.5~2倍。

无电伴热时隧道保温隔热设防长度　　　　表1-6

隧道长度 (m)	隧道所在地区最冷月平均气温(℃)			
	-5	-10	-15	-20
500	全长	全长	全长	全长
500~1000	300	全长	全长	全长
1000~3000	300	400	800	全长

公路规范规定"保温水沟宜用于寒冷地区,最冷月平均气温在-15~-5℃之间,冻结深度在1~1.5m范围内,且冬季有水或可能有水的隧道。保温水沟应采用浅埋形式,埋置于隧道内的最大冻结深度以上。水沟采用的保温措施,应能达到冬季水流不冻结的目的"。该地区公路隧道的气象条件适宜采用保温水沟,但设计中基本都采用中心深埋水沟,设计标准高于

规范要求。高于规范要求的原因主要是保温水沟一般采用侧沟式,双层盖板结构,充填保温材料,盖板上部尺寸较大,车辆通行中容易压坏盖板,造成路面水下渗到保温层,造成保温层受潮冻结失效。川西、藏东公路隧道防寒抗冻设计调研见表1-7。

川西、藏东公路隧道防寒抗冻设计调研　　　表1-7

线路	序号	隧道名称	隧道长度(m)	海拔高度(m)	气象资料		排水措施	防冻措施		
					最冷月平均气温	最大冻结深度	深埋中心水沟	洞口钢筋混凝土	注浆堵水	保温板长度
省道303线	1	花岩子	567	3800	-4.5	—	—	—	—	全隧567m
	2	巴朗山	7954	3800	-8.6	1.24	进出口500m	浅埋、偏压段	洞口地下水丰富段	两端洞口750m
国道318线	3	高尔寺	5682	3900	-6.1	1	进出口900m	浅埋、偏压段	洞口地下水丰富段	两端洞口800m
	4	剪子弯山	2238	4250	—	—	—	—	—	全隧2238m
	5	理塘	2830	4000	—	—	—	—	—	全隧2830m
	6	列衣	2107	3565	-4.5	—	—	—	—	—
	7	折多山	4875	3800	-6.6	0.9	进出口300m	浅埋、偏压段	洞口地下水丰富段	进口755m,出口640m
国道317线	8	岗托	852	3041	—	—	—	—	—	全隧852m
	9	德格	2943	3271	—	—	—	—	—	两端洞口500m
	10	雀儿山	7079	4235	-9.6	1.43	进出口600m	浅埋、偏压段	洞口地下水丰富段	两端洞口820m
	11	达曲	522	3300	—	—	—	—	—	全隧522m
	12	老折山	2778	4046	—	—	—	—	—	全隧2778m
	13	甘古	788	3280	—	—	—	—	—	全隧788m
	14	鹧鸪山	4448	3400	-6.9	1.01	进出口600m	浅埋、偏压段	洞口地下水丰富段	两端洞口600m
西藏墨脱	15	嘎隆拉	3310	3610	-7.6	0.14	进出口500m	浅埋、偏压段	洞口地下水丰富段	两端洞口500m
四川甘孜	16	欧帕拉	3527	3877	-1.6	0.8	进出口600m	浅埋、偏压段	洞口地下水丰富段	两端洞口600m

(2)东北地区铁路隧道抗防冻设计

通过对东北9条寒区高速铁路隧道抗防冻措施的调查,可以看出该地区的高铁隧道最冷月平均气温-23.4~-4.8℃,最大冻结深度1~2.46m。

洞口抗冻设防段隧道结构多数采用钢筋混凝土衬砌,混凝土抗渗等级采用P10,抗冻性能指标不低于F300。考虑冻胀力因素时,设计有抗冻钢筋,对隧道环向和纵向主筋进行了相应调整。结构抗冻设防段洞口500~1000m范围设置,其中京沈客专(-11.3℃)洞口500m设防,吉图珲客专(-23.4℃)洞口500m设防,哈牡客专(-19.4℃)洞口1000m设防。

一些最冷月平均气温较低的隧道设置有保温板,保温板在二次衬砌与初期支护之间铺设,保温板设置长度与抗冻设防段长度相同,厚度为4~5cm,材料多数为聚氨酯泡沫。一些最冷月平均气温较高的隧道没有设置保温板。

一些最冷月平均气温较低的隧道围岩注浆堵水按洞口设防段长度设置,多数拱墙位置注浆,个别全环注浆。一些最冷月平均气温较高的隧道围岩注浆堵水根据现场洞口段围岩破碎、地下水丰富情况设置。

保温水沟绝大多数主要采用中心深埋水沟或保温中心水沟配合保温侧沟,中心深埋水沟埋置于洞内相应的冻结深度以下。长大隧道保温水沟设置在洞口700~2000m范围,其中丹大铁路大庄段(-4.8℃)高端洞口1000m,低端洞口1200m设置保温侧沟。杜绥铁路(-18.5℃)低洞口段设置2000m保温水沟。吉图珲客专(-23.4℃)设置1000~2000m的保温水沟。多数隧道保温侧沟拉通全隧设置。

将调研资料与《铁路隧道设计规范》(TB 10003—2016)对比,可以看出:

①铁路规范规定"衬砌设计应考虑冻胀作用,采用钢筋混凝土衬砌,厚度不小于40cm"。东北地区隧道由于多数位于严寒地区,隧道结构设计时考虑冻胀力,采用环向、纵向加强配筋方式予以解决。洞口保温段长度如表1-8所示,东北地区高铁隧道防寒抗冻工作措施调研如表1-9所示。

洞口保温段长度 表1-8

洞口海拔高度(m)	一月平均气温(℃)	保温段长度(m)
3300	-10	680
3600	-10.5	690
3800	-11	710
4000	-12	750
4200	-13	830
4400	-14	860
4600	-15	900
4800	-16	930

东北地区高铁隧道防寒抗冻工作措施调研表 表1-9

项目名称	气象资料		排水措施			防冻胀措施		
	最冷月平均气温(℃)	最大冻结深度(m)	深埋中心水沟	保温中心水沟	保温侧沟	洞口钢筋混凝土	注浆堵水	保温板
京沈客专	-11.3~-2.2	1.19~1.48	φ600钢筋混凝土管,≤2km的隧道全隧道范围,>2km的隧道低洞口1km范围	φ600钢筋混凝土管置于U形保温槽内,保温槽外包保温板,排水管上盖双层保温板	全隧道	洞口500m	洞口500m拱墙径向注浆	洞口土质及全风化地层

续上表

项目名称	气象资料		排水措施			防冻胀措施		
	最冷月平均气温(℃)	最大冻结深度(m)	深埋中心水沟	保温中心水沟	保温侧沟	洞口钢筋混凝土	注浆堵水	保温板
沈丹客专	-11.4~-7.4	1.01~1.38	φ500钢筋混凝土管，≤2km的隧道全隧道范围，>2km的隧道低洞口800m范围	φ500钢筋混凝土管，中心排水管采用保温膜包裹	>2km的隧道高洞口端700m	Ⅴ级、Ⅳ级围岩浅埋、偏压、水量丰富，高洞口端700m，低洞口端800m	根据地下水状态确定注浆堵水措施	无
牡绥铁路	-18.4~-17.2	1.91~2.41	长度小于2km的隧道，通长采用中心深埋水沟；长度大于2km的隧道，低洞口端1km范围段采用中心深埋水沟	距低洞口1000~2000m范围段及距高洞口2000m范围段，中心排水沟采用保温膜包裹。其余段采用埋于仰拱填充内的中心排水沟	洞口各2km范围段设保温侧沟，其中距洞口1km范围段保温侧沟设置双层盖板，且填充聚苯乙烯泡沫板保温，距洞口1000~2000m段侧沟设置双层盖板	洞口段	位于土层或严重风化的岩石地层的洞口段隧道，采用径向注浆加固地层，注浆深度按3m设计	无
哈佳铁路	-18.5~-16.4	2.05~2.2	φ1000钢筋混凝土管	无	全隧道	洞口1000m	洞口1000m全环径向注浆	洞口1000m
哈牡客专	-19.4~-16.9	1.91~2.05	φ1000钢筋混凝土管，≤3km的隧道全隧道范围，>3km的隧道低洞口1km范围	φ600钢筋混凝土管置于U形保温槽内，保温槽外包保温板，排水管上盖双层保温板	全隧道	洞口1000m	洞口1000m Ⅲ~Ⅴ级拱墙径向注浆	洞口1000m未设保温层段，环向盲管处设幅宽2m保温层
丹大铁路大庄段	-4.8	0.93	无	中心盖板沟外包保温材料	≤2km全隧，>2km高端1000m，低端1200m	浅埋、断层破碎带和偏压隧道	根据地下水状态确定注浆堵水措施	无

续上表

项目名称	气象资料		排水措施			防冻胀措施		
	最冷月平均气温（℃）	最大冻结深度（m）	深埋中心水沟	保温中心水沟	保温侧沟	洞口钢筋混凝土	注浆堵水	保温板
丹大铁路前庄段	-7.4	1.01	φ600钢筋混凝土管，≤2km的隧道全隧范围，>2km的隧道低洞口800m范围	φ500钢筋混凝土管，中心排水管采用保温膜包裹	>2km的隧道高洞口端700m	浅埋、断层破碎带和偏压隧道	根据地下水状态确定注浆堵水措施	无
张呼客专	-15.9～-7.6	1.31～2.46	全隧贯通设置φ700钢筋混凝土管	φ700钢筋混凝土管	全隧道	Ⅴ级、Ⅳ级围岩浅埋、偏压、水量丰富，及洞口500m	根据地下水状态确定注浆堵水措施	全隧侧沟水沟两侧
吉图珲客专	-23.4～-10.3	1.7～2	φ600钢筋混凝土管，根据隧址区温度，洞口1000～2000m设置	φ500钢筋混凝土管，中心排水管上方设2m宽10cm厚的保温砂浆保温层	根据隧址区温度洞口1000～2000m设置	洞口500m	洞口500m拱墙径向注浆	洞口段地段设置5cm厚硬质聚氨酯保温板

②铁路规范规定"严寒及寒冷地区隧道存在冻害地段应设置抗冻设防段。一般情况下可参考当地最冷月平均气温和临近隧道的设防条件类比确定"，见规范"表2.2"。东北地区多数隧道洞口保温段长度基本与规范建议值一致。

③铁路规范规定"最冷月平均气温-15～-8℃地区，抗冻设防段应采用深埋中心水沟（管）；最冷月平均气温低于-15℃地区，抗冻设防段应采用深埋保温中心水沟（管）或防寒泄水洞"。东北地区隧道的气象条件适宜采用深埋中心水沟，设计中都采用中心深埋水沟，设计标准与规范要求一致。

(3) 寒区隧道抗防冻措施案例

由于川藏线特殊的地理位置，主要收集了沿线公路隧道以及类似气象铁路隧道抗防冻措施，具体案例如下：

①国道318线高尔寺隧道

高尔寺隧道全长5682m，进口设计高程3934m，出口设计高程3906m。隧区为构造侵蚀高原中高山地貌，纬度为30°。高尔寺山山体浑厚，山体平均海拔为4200m，其最高点海拔为4419m，最低点位于山脚沟谷约3700m，相对最大高差约700m。隧址区属于高原气候，具有干燥多风、气候多变、雨量不多、日照时间长和辐射强等特点，年平均气温为1.9℃，历年最冷月平均气温为-6.1℃。采用深埋中心水沟，隧道洞门段采用深埋中央排水管，深埋至仰拱之下，距设计基线2.5m，其长度与衬砌保温长度一致。高尔寺山隧道正洞设置800m保温衬砌。进出口900m设置深埋中心水沟。

②欧帕拉隧道

欧帕拉隧道全长3527m,进口设计高程3877m,出口设计高程3862m,位于四川省甘孜藏族自治州巴塘县和白玉县境内,隧道为三级公路特长隧道,隧址区最冷月平均气温为 -1.6℃。隧址区地貌属高山深切割构造侵蚀剥蚀地貌,海拔高,地形起伏大,总体地势为东北低西南高。微地貌为一马鞍形双峰山脊,地形较陡。海拔高程3850~4380m,相对高差530m。隧址区属青藏高原气候,气压差和气温差明显,具有风多、风大的特点,雪线在3850m附近。隧址区位于雪线之上,为季节性冻土区,经查阅大地冻深标准值,同时综合考虑该隧道处海拔高度、地面温度、积雪、植被和土壤含水率等因素后,确定隧道最大冻深为80cm。

寒冷设防段衬砌背后φ50HDPE排水盲沟和φ100HDPE横向排水支管间距加密为5m,中心排水沟置于冻结线0.20m以下,保证沟内水面低于最大冻深线,沟内水通过洞外保温出水口排至地表。

对洞口地下水丰富的段落采用周边注浆处治,加固围岩的同时封堵地下水向隧道周围渗透的路径。隧道进出口各600m范围为寒冷设防段,在设防段衬砌内表面设置面层6mm厚的纤维增强板+里层40mm厚的防火性能好的聚酚醛热固性保温材料。

③国道317线雀儿山隧道

雀儿山隧道全长7079m,进出口设计高程分别为4380m和4265m(图1-7)。雀儿山东口最冷月(1月)平均气温为 -9.6℃,年极端最低气温为 -36.2℃,最大冻土深度143cm。雀儿山西口最冷月(1月)平均气温为 -9.4℃,年极端最低气温为 -34.7℃;最大冻土深度138cm。雀儿山隧道保温设防段长度820m,在隧道施工贯通后,应根据实测资料对保温设防段长度进行修正。雀儿山隧道保温层厚度50mm。洞口浅埋段的保温层可适当加厚(如80mm)或采取其他补充防冻害措施。保温层敷设方式采用贴壁式。雀儿山隧道采用深埋水沟排水。隧道东口保温水沟设置长度600m,隧道西口保温水沟设置长度350m。深埋水沟延伸至洞外时设置保温出水口。雀儿山隧道洞口段注浆设计,以堵水防冻为目的。隧道最大冻结深度为1.77m,确定注浆范围为2.5m,采用开挖后注浆方式,在隧道初期支护完成后施作。

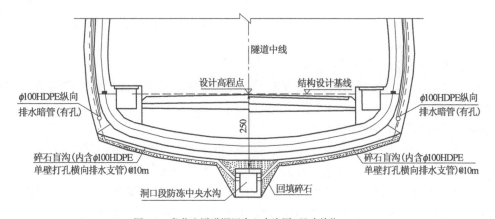

图1-7 雀儿山隧道深埋中心水沟图(尺寸单位:cm)

④国道317线珠角拉山隧道

珠角拉山隧道地处藏东,属高原气候,日照充足,昼夜温差大,冬春寒冷,雨季降雨量集中,无霜期短,具长冬无夏,春秋相连的气候特点。根据类乌齐和昌都市的气象资料显示,多年平均最低气温 -23.7 ~ -16.2℃。

珠角拉山隧道设计中,在衬砌混凝土中添加防水剂,提高了自防水等级,抗渗等级达到S8以上。该隧道外层锚喷初期支护与中层二次模筑衬砌之间铺设可耐低温的EVA防水板,减少渗漏水。珠角拉山高寒隧道设计中,施工缝、伸缩缝、沉降缝处全部设置中埋式橡胶止水带。

排水是利用盲沟、泄水管、排水沟、泄水洞等设施将洞内积水排走,避免在洞内积累。寒区隧道排水设计是一个特殊问题,要求纵向排水沟和出水口不被冻结,保证隧道内水流畅通。

在珠角拉山隧道设计中,外层支护和中层二次衬砌背后,设置环向渗水软管,附贴式排水板,二次衬砌背后铺设防水板及土工布,墙脚外侧设纵向排水盲管,隧道周边地下水均引排至仰拱以下的纵向中央保温主排水沟,构成完备的排水体系。保温水沟均配置保温盖板,具体设计如图1-8 ~ 图1-10所示。

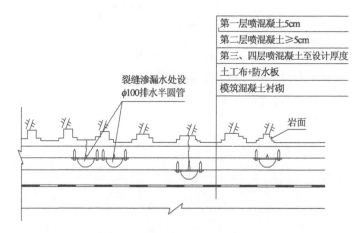

图1-8 隧道局部防排水措施示意图

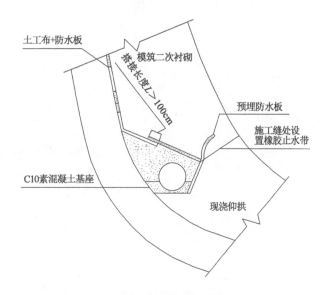

图1-9 纵向排水管大样图

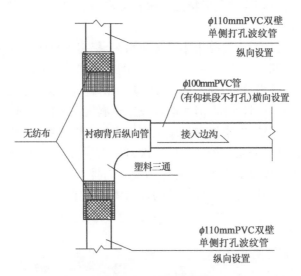

图 1-10　三通管大样图

采用隧底中央保温水沟时,应配套设置纵向间隔 10m 的横向保温支管,引排墙脚外侧纵向排水管水流至隧底中心水沟,及时排走排水管内积水,防止在寒冷季节管内水分冻结,引起排水不畅,形成堵塞,如图 1-11 所示。

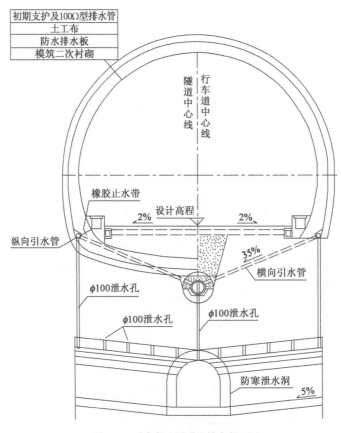

图 1-11　珠角拉山隧道防排水断面图

珠角拉山隧址地区。多年平均降雨量509.5~643.8mm,每年7~9月为雨季,年一日最大降雨量38.6mm。洞口平均气温低于较低,且洞内地下水发育水量较大,设计采用深埋泄水洞作用隧底排水设施,为防止泄水洞排水冻结,设置掩埋保温式出水口,如图1-12所示。

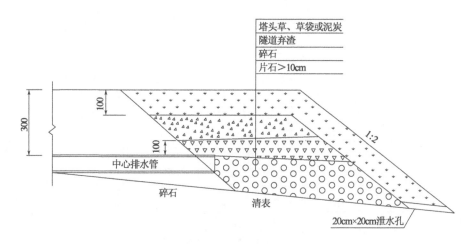

图1-12 掩埋保温式出水口(尺寸单位:cm)

⑤嘎隆拉隧道

嘎隆拉隧道全长3310m,为 -4.1% 的纵坡,是国内坡度最大的隧道。嘎隆拉隧道进口海拔3780m,出口海拔3440m,最大埋深821m,北南出进口落差达340m。隧道位于西藏林芝市波密县与墨脱县交界处。隧道工程按两车道三级公路标准设计,由于该隧道为季节性冻土特长隧道,设计中采用如下保温防寒措施:

隧道进口500m范围内在衬砌仰拱下设置ϕ40cm中心排水沟,保证中心水沟埋置深度在最大冻土深度以下,深埋中心水沟与正常中心水沟通过检查井连接;在洞口500m范围内应采用防寒保温系统;对墙脚处环向排水管、纵向排水管、横向排水管的接头处采用土工布包裹,防止泥沙堵管,避免衬砌环向排水管、纵向排水管、横向排水管的冰冻堵水,使隧道排水系统陷入瘫痪,危害洞身围岩和衬砌结构;隧道中心排水沟间距每100m设一处中心检查井,井口用混凝土封闭,井内设保温隔层,保证中心检查井的正常使用;隧道衬砌内壁采用相应的保温层确保洞口段围岩不发生反复冻融破坏。

⑥达坂山公路隧道

达坂山公路隧道位于青藏高原东北部、祁连山脉东段南支达板山中段。隧道全长1530m,净宽8.5m,净高4.5m,单向纵坡 -2.8%,海拔高度3790m。据中科院兰州冰川冻土研究所观测提供隧道所在区域属内陆高寒季风气候,一年内冬季长而严寒,夏季短而多雨。年平自然资源气温 -3.1℃,1月平均气温 -14.5℃,7月平均气温 7℃,极端最低气温 -34℃;年降水量841.4mm。隧道进出口底面为多年冻土和季节冻土临界区,进口最大冻结深度3m,地温年度变化深度18m,年平均地温2.1℃;出口最大冻结深度14m,年平均地温0.9℃,公路自然区划分为Ⅷ区,属青藏高寒区。

防冻胀结构由排水、防水及保温三个系统组成,结构形式如图1-13所示。

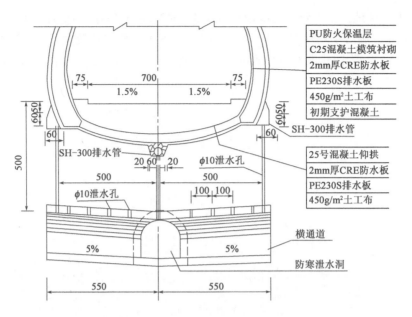

图 1-13 防冻胀结构图(尺寸单位:cm)

a. 排水结构

排水系统由土工布、排水板、纵向软式透水排水管、竖向泄水孔及防寒泄水洞组成,起洞体排水作用。土工布锚固在拱部初期支护的表面和抑拱的底面上,在土工布和防水板之间设排水板,Ⅱ、Ⅲ类围岩地段纵向每米设一道;Ⅳ、Ⅴ类围岩每5m设一道;裂隙水丰富地段连续挂锚排水板。在隧道两拱脚和仰拱底中部设三道纵向软式透水排水管。该管结构采用12号高强钢丝外套防锈塑料管,弯制成直径300mm圆形管式骨架,每延米19圈,骨架外套三层筒式复合织品(两层尼龙织物,一层滤布)。在纵向软式透水排水管底部按进口300m、出500m地段,每间隔50m,中部每间隔250m,钻三排竖向泄水孔与防寒泄水洞的横通道连通。在Ⅱ、Ⅲ类围岩地段竖向泄水孔中设直径100mm硬质塑料花管、管壁每隔20cm交错钻眼,眼孔直径为8mm。防寒泄水洞设在隧道中下部,洞顶外缘距隧道行车道面竖向距离5m,洞体净空尺寸、宽2m、高2m,如图1-14所示。按照竖向泄水孔的纵向间隔距离设长11m的横通道与三排竖向泄水孔相通。排水方式是先由土工布纵横纤维组成的网络将二次衬砌背面的水疏导到环向设置的排水板的沟槽内,流入软式透水排水管,通过竖向泄水孔汇集到地下防寒洞内集中排出。

b. 防水结构

防水系统由防水板和橡胶止水带组成,起防渗漏作用,防水板设在排水板和两次衬砌或仰拱之间。橡胶止水带设在二次衬砌施工缝中。

c. 防火保温结构

防火保温系统由复合保温层和防寒泄水洞出口远端掩埋式保温出水口组成,起洞体防火保温作用。保温层设在隧道拱部二次衬砌内轮廓线,厚度为8cm,它具有导热系数低、强度高、重量轻、防火、耐腐蚀等优点。为利于防寒泄水洞严冬排水,将防寒泄水洞出口设计为远端掩埋式保温出水口,结构断面如图1-15所示。

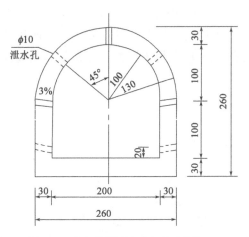

图 1-14　防寒泄水洞断面图(尺寸单位:cm)

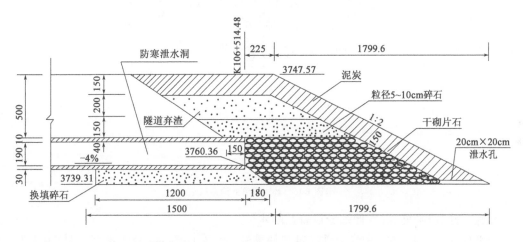

图 1-15　保温出水口断面图(尺寸单位:cm)

⑦赤峰至京沈高铁喀左站铁路

a. 明挖段衬砌背后防水层采用"3cm 厚 M10 水泥砂浆找平层 + 4mm 厚聚氨酯防水涂料 + ≥4mm 厚自黏式防水卷材 + 双层土工布 + 6cm 厚砖砌保护层"。

b. 洞口 500m 范围内在初期支护背后采用径向注浆充填围岩裂隙,封堵地下水。洞口长度 500m 范围内土质隧道暗挖段初期支护与二次衬砌之间设置双层防水板夹 5cm 厚聚氨酯保温层。

c. 长度小于 2km 的双线隧道全长设置及长度大于 2km 的双线隧道排水端洞口 2km 范围设置深埋中心水沟及保温侧沟,出水口均设置防寒保温出水口。其他地段均设置保温中心水沟(双线段)及保温侧沟。

单、双线隧道设置双侧保温侧沟。保温侧沟采用双层盖板,盖板采用 6cm 厚钢筋混凝土盖板。双层盖板间放置聚氨酯保温材料填充。

深埋中心水沟下设 C20 混凝土基座,上设级配碎石,级配碎石与仰拱初期支护间采用 C20 保温混凝土填充,并在初期支护外表面铺设宽 2m、厚 5cm 的聚氨酯保温板,保温板需用防水板严密包裹。

设置深埋中心水沟地段每隔30m设置一处深埋中心检查井。检查井井身采用C35钢筋混凝土。井身周围仰拱二次衬砌钢筋混凝土设置加强环。检查井设置上下两层盖板,上层盖板采用10cm厚钢筋混凝土盖板,下层盖板采用5cm厚浸油木盖板,两层盖板间放置聚氨酯保温材料。

d. 衬砌背后排水。

洞口段非土质隧道2000m范围内隧道环向盲管处设置2m宽、5cm厚聚氨酯保温板地段,向围岩侧扩挖5cm,确保二次衬砌厚度满足要求。隧道环向盲管处设计构造措施如图1-16所示。

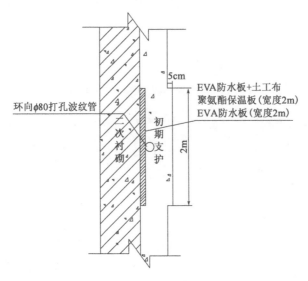

图1-16 环向盲管处构造措施

e. 施工缝、沉降缝、温度伸缩缝设置及防水。

温度伸缩缝:洞口500m范围设置温度伸缩缝,每隔3板衬砌台车设置一处,并与环向施工缝合设。温度伸缩缝宽度1.5cm,防水措施与沉降变形缝一致。设置保温中心水沟地段,仰拱衬砌环向施工缝上部的仰拱填充内设置一道ϕ100PVC管与中心沟连接。施工缝、变形缝与温度伸缩缝防水措施无异。

f. 为防止二次衬砌背后混凝土脱空,冬季积水冻胀,造成混凝土开裂掉块,全线素混凝土地段二次衬砌全部加设钢筋。

4) 寒区隧道冻害及防冻措施调研

通过寒区隧道抗防冻设计调研和工程案例研究,结合川西高原的公路隧道和西部高海拔寒区隧道病害分析,得出以下结论:

(1) 隧道洞口位置和洞口工程

隧道洞口位置位于松散、破碎地层对洞口抗冻是极为不利的,长期的冻融循环易造成洞口热融滑塌,威胁洞口安全,同时也逐年加剧冻胀的力度。建议选线时尽量避免隧道洞口段长段落浅埋通过松散地层。对穿越的松散地层应在一定范围内进行注浆加固,封闭松散体的空隙,减少冻胀的发生。

隧道洞门墙在寒区易开裂变形,主要原因有:①洞门墙基底埋置深度不够,没有位于冻结线下,受冻融影响产生不均匀沉降。②洞门墙背后回填的材料不密实易冻胀,冻胀后使得洞门墙背后土压力不均匀增大。③洞门墙在冻胀力作用下受拉区域缺乏配筋。建议洞门墙基础的埋置深度应小于最大冻结深度。如果最大冻结深度过大,应采取基底换填等措施。洞门墙背后回填材料必须密实不易冻胀,洞门墙采用钢筋混凝土结构。

(2)隧道结构抗冻设防

寒区隧道洞口段二次衬砌容易产生各类与冻融相关的裂缝,直接影响到结构的自防水性,成为结构漏水、挂冰的主要部位,混凝土结构开裂后更易掉块,威胁行车安全。隧道底部位置低洼,最易积水,冻结后冻胀力作用对隧底结构受力不利,影响轨道平顺性,严寒地区应适当加大仰拱曲率,提高隧道底部结构刚度。

根据冻害和保温设防长度关系的调查,保温设防长度不足是造成产生冻害的主要原因之一。保温设防长度的确定是比较复杂和关键的。利用调研资料进行了最冷月平均气温和洞口抗冻设防段长度关系拟合分析,可以看出:最冷月平均气温在-3~0℃之间,洞口抗冻段400m。最冷月平均气温在-8~-3℃之间,洞口抗冻段500m。最冷月平均气温在-10~-8℃之间,洞口抗冻段600m。最冷月平均气温与抗冻设防段基本呈线性关系,设防段长度集中在500~800m范围,适应的温度集中在-15~-8℃。

(3)隧道洞口段防排水

根据调研资料显示,青藏高原寒区公路隧道设计中基本都采用中心深埋水沟排水,从最冷月平均气温指标来看,其设计标准高于公路规范要求。为了选择铁路寒区隧道合理的排水形式,对三个规范进行了比较:

①《铁路隧道设计规范》:最冷月平均气温在-8~-3℃的地区,抗冻设防段应采用保温水沟。最冷月平均气温在-15~-8℃的地区,抗冻设防段应采用深埋中心水沟。

②《寒区公路隧道设计标准》(征求意见稿):最冷月平均气温在-15~-5℃地区,抗冻设防段应采用保温水沟。最冷月平均气温在-25~-15℃地区,抗冻设防段应采用深埋中心水沟。

③《季节性冻土地区公路设计与施工技术规范》:最冷月平均气温在-25~-10℃地区,抗冻设防段应采用深埋中心水沟。最冷月平均气温在-25℃以下地区,抗冻设防段应采用严寒泄水洞。

三个规范都采用最冷月平均气温作为判定排水形式的选择标准,铁路规范对气温的要求更为严格,按更高的标准执行。公路隧道实际设计中提高标准设置中心水沟的目的,主要是考虑到保温水沟一般采用侧沟式、双层盖板结构,充填保温材料,盖板上部尺寸较大,车辆通行中容易压坏盖板,造成路面水下渗到保温层,造成保温层受潮冻结失效,采用深埋中心水沟可以减少运营期间的维护量。

1.3 寒区隧道防寒抗冻存在的问题

(1)高寒隧道设防长度的准确预测

在以往的隧道设计中,往往出现设防长度不够抑或长度过剩的情况,这样的工程设计不能满足安全、经济的要求。究其原因,往往是设计人员对隧道运营后的温度场分布规律估计不足,没有一套行之有效的隧道防寒抗冻长度预测方法。如今,我们面对长度更长、海拔更高、列车速度更快、运营机械通风系统更加复杂的隧道工程,设防长度的准确预测是防寒抗冻设计的基础。

(2)防寒抗冻设计的合理性

隧道防寒抗冻的设计,需要因地制宜,综合考虑气候条件、工程地质、水文地质、线路设计等级、行车编组等,结合运营温度场的预测,比选主动抗防冻措施和被动抗防冻措施,进行经济技术分析,最终选择合理防寒抗冻措施。

本章参考文献

[1] 苏林军.寒区隧道冻害预测与对策研究[D].成都:西南交通大学,2007.

[2] C Bonacina, G Comini, A Fasano, et al. Numerical solution of phase-change problems[J]. International Journal of Heat and Mass Transfer, 1973, 16(6):1825-1832.

[3] G Comini, S Guidice, RW Lewis, et al. Finite element solution of nonlinear heat conduction problems with special reference to phase change[J]. International Journal of Numerical Methods in Engineering, 1974, 8(6):613-624.

[4] Tailor G S, Luthin J. A model for coupled heat and moisture transfer during soil freezing[J]. Canadian Geotech, 1978(15):545-555.

[5] Averin G V, Yakovenko A K. Determination of the turbulent diffusion and heat-conduction coefficients in mine workings[J]. Soviet Mining, 1990, 26(5):465-467.

[6] Jacovides C P, Mihalak G. An underground pipe system as an energy source for cooling/heating purposes[J]. Renewable Energy, 1995, 8(6):893-900.

[7] Suneet S, Prashantk J, Rizwan-Uddin. Analytical solution to transient heat conduction in polar coordinates with multiple layers in radial direcrion [J]. International Journal of Thermal Sciences, 2008(47):261.

[8] Prashantk J, Suneet S, Rizwan-Uddin. Analytical solution to transient asymmetric heat conduction in a multi layer annulus[J]. Journal of Heat Transfer, 2009, (1):73-92.

[9] Bronfenbrener L. The modelling of the freezing process in fine-grained porous media: Application to the frost heave estimation[J]. Cold Regions Science & Technology, 2009, 56(2-3):120-134.

[10] Toutain J, Battaglia J L. Numerical inversion of laplace transform for time resolved thermal characterization experiment[J]. Journal of Heat Transfer, 2011, 4(133):44-54.

[11] 赖远明,吴紫汪,朱元林,等.寒区隧道温度场和渗流场耦合问题的非线性分析[J].中国科学(D辑:地球科学),1999(S1):21-26.

[12] 赖远明,喻文兵,吴紫汪,等.寒区圆形截面隧道温度场的解析解[J].冰川冻土,2001(02):126-130.

[13] 赖远明,吴紫汪,张淑娟,等.寒区隧道保温效果的现场观察研究[J].铁道学报,2003(01):81-86.

[14] 张学富,赖远明,杨风才,等.寒区隧道围岩冻融影响数值分析[J].铁道学报,2002(04):92-96.

[15] 张学富,赖远明,喻文兵,等.寒区隧道三维温度场数值分析[J].铁道学报,2003(03):84-90.

[16] 张学富,苏新民,赖远明,等.寒区隧道三维温度场非线性分析[J].土木工程学报,2004(02):47-53.

[17] 何春雄,吴紫汪,朱林楠.祁连山区大坂山隧道围岩的冻融状况分析[J].冰川冻土,2000(02):113-120.

[18] 何春雄,吴紫汪,朱林楠.严寒地区隧道围岩冻融状况分析的导热与对流换热模型[J].中国科学(D辑:地球科学),1999(S1):1-7.

[19] 张国柱,夏才初,殷卓.寒区隧道轴向及径向温度分布理论解[J].同济大学学报(自然科学版),2010(08):1117-1122.

[20] 夏才初,张国柱,肖素光.考虑衬砌和隔热层的寒区隧道温度场解析解[J].岩石力学与工程学报,2010(09):1767-1773.

[21] 张国柱,夏才初,马绪光,等.寒区隧道地源热泵型供热系统岩土热响应试验[J].岩石力学与工程学报,2012(01):99-105.

[22] 张国柱,夏才初,孙猛,等.寒区隧道地源热泵供热系统及优化分析[J].同济大学学报(自然科学版),2012(04):610-615.

[23] 张耀,何树生,李靖波.寒区有隔热层的圆形隧道温度场解析解[J].冰川冻土,2009(01):113-118.

[24] 冯强,蒋斌松.多层介质寒区公路隧道保温层厚度计算的一种解析方法[J].岩土工程学报,2014(10):1879-1887.

[25] 晏启祥,何川,曾东洋.寒区隧道温度场及保温隔热层研究[J].四川大学学报(工程科学版),2005(03):24-27.

[26] 谭贤君,陈卫忠,伍国军.低温冻融条件下岩体温度—渗流—应力—损伤(THMD)耦合模型研究及其在寒区隧道中的应用[J].岩石力学与工程学报,2013(02):239-250.

[27] 邵珠山,乔汝佳,王新宇.高地温隧道温度与热应力场的弹性理论解[J].岩土力学,2013,34(s1):1-8.

[28] Kay B D, Fukuda M, Izuta H, et al. The importance of water migration in the measurement of the thermal conductivity of unsaturated frozen soils[J]. Cold Regions Science & Technology, 1981, 5(2):95-106.

[29] Pande R N, Kumar V, Chaudhary D R. Thermal conduction in a homogeneous two-phase system[J]. Pramana, 1984, 22(1):63-70.

[30] Park C, Synn J H, Shin H S, et al. An experimental study on the thermal characteristics of rock at low temperatures[J]. International Journal of Rock Mechanics & Mining Sciences, 2004, 41(41):367-368.

[31] Taler J. Determination of local heat transfer coefficient from the solution of the inverse heat

conduction problem[J]. Forschung im Ingenieurwesen,2007,71(2):69-78.

[32] 吕康成,解赴东,张翊翱,等.寒区隧道围岩导温系数反分析[J].西安建筑科技大学学报(自然科学版),2000(04):379-381.

[33] 水伟厚,高广运,韩晓雷,等.寒区隧道围岩导温系数及其冻深分析[J].地下空间,2002(04):343-346.

[34] 裴捷,水伟厚,韩晓雷.寒区隧道围岩温度场与防水层影响分析[J].低温建筑技术,2004(04):4-6.

[35] Zhang H F,Ge X S,Ye H,et al. Heat conduction and heat storage characteristics of soils[J]. Applied Thermal Engineering,2007,27(2-3):369-373.

[36] 刘玉勇,伍晓军.高寒地区特长公路隧道中花岗岩的热参数测试[J].四川建筑,2008,28(1):216-217.

[37] 董海燕.矿井对流换热系数计算及其影响因素分析[J].矿业安全与环保,1987(2):32-39.

[38] 周西华,单亚飞,王继仁.井巷围岩与风流的不稳定换热[J].辽宁工程技术大学学报,2002,21(3):264-266.

[39] Johansen N.I., Scott L., Huang, Nolan B, Aughenbaugh. Alaska's CRREL permafrost tunnel [J]. Tunnelling and Underground Space Technology,1988,3(1),19-24.

[40] Труъчиков A. Design and construction experience of soviet mountain ridge railway tunnel: Information of Seminar for the Siberian Railway[J]. Tunnel Collected Translation,1990,(10),1-16.

[41] 何海仁,杨连裕.寒区隧道内气温和冻深问题[J].铁道标准设计通讯.1983(01):18-21.

[42] 吕康成,崔凌秋,解赴东.寒区隧道春融期渗漏水原因分析及预防方法[J].现代隧道技术,2001(04):58-62.

[43] 王大为,金祥秋,吕康成.寒区公路隧道围岩温度测试与分析[Z].中国福建:2001(4).

[44] 赖远明,吴紫汪,张淑娟,等.寒区隧道保温效果的现场观察研究[J].铁道学报,2003(01):81-86.

[45] 谢红强,何川,李永林.鹧鸪山高寒隧道区域温度场试验研究及反演分析[J].现代隧道建设,2004(S):360-363.

[46] 张先军.青藏铁路昆仑山隧道洞内气温及地温分布特征现场试验研究[J].岩石力学与工程学报,2005,24(6):1086-1089.

[47] 赖金星,谢永利,李群善.青沙山隧道地温场测试与分析[J].中国铁道科学,2007,28(5):78-82.

[48] Lee G,Lai J. Experimental Study on Air Temperature Field for Cold-Region Tunnel in Qinghai-Tibet Plateau:A Case Study[M]. Advances in Computational Environment Science,Springer Berlin Heidelberg,2012,265-271.

[49] 陈建勋,罗彦斌.寒冷地区隧道温度场的变化规律[J].交通运输工程学报,2008,8(2):44-48.

[50] 周小涵,曾艳华,杨宗贤,等.高纬度寒区浅埋隧道的温度场及防寒抗冻探讨[J].冰川冻土,2016,38(1):121-128.

[51] Okada K. Lcile Prevention by Adiatic Treatment of Tunnel Lining [J]. Japanese Railway Engineering,1985,3(26):75-80.

[52] Okada K,Toshishige F,Tomoyasu S,et al. Adaptability of Icicle Prevention Work by Adiabatic Treatment in Thin-Earth-Covering Tunnel(Part. 1) Tunnel Cross Section Model and Cyclic Changes in Temperature[J]. Bulletin of Science & Engineering Research Institute Kokushikan University,2005:1-8.

[53] Okada K,Toshishige F,Tomoyasu S,et al. Adaptability of icicle prevention work by adiabatic treatment in thin-earth-covering tunnel:Part. 2(Temperature responses in tunnel cross section and adaptability of icicle prevention work)[J]. Bull. Sci. Eng. Res. Inst,2006(18):10-23.

[54] 立石俊一,候荫楠.山岭隧道的防水技术(6)[J].现代隧道技术,1991(4):60-64.

[55] Jaby,陈荣昆.用于隧道的防水和隔热衬砌[J].隧道译丛,1990(7):49-50.

[56] Kawamura T,Mikami T,Fukumoto K. An estimation of inner temperatures at cold region tunnel for heat insulator design [J]. Sturctural Engineering Symposium,2008(54A):32-38.

[57] Sandegren E. Insulation against Ice Railroad Tunnels[J]. Transportation Research Record,1995(1150):126-132.

[58] Sodha M S,Sharma A K,Sawhney R L. Optimum length of underground tunnel and corresponding annual heating/cooling potentials[J]. International Journal of Energy Research,1990,14(3):323-335.

[59] Einar E,Eivind G V,Kjell I D. The inner lining system in Norwegian traffic tunnels[J]. Tunnelling and Underground Space Technology,2002(17):305-314.

[60] 张国柱,夏才初,孙猛,等.隧道地源热泵供热系统加热段隔热层厚度及热负荷计算[J].岩石力学与工程学报,2012,31(4):746-753.

[61] 张国柱,夏才初,孙猛,等.寒区隧道地源热泵型供热系统取热段温度场解析[J].岩石力学与工程学报,2012,31(s2):3795-3802.

[62] 张国柱,张玉强,夏才初,等.利用地温能的隧道加热系统及其施工方法[J].现代隧道技术,2015,52(6):170-176.

[63] 青海省交通厅.大坂山公路隧道防寒保温门的原理及应用[J].冰川冻土,1999,21(2):107-114.

[64] 何春雄,吴紫汪,朱林楠.大坂山公路隧道防寒保温门的原理及应用[J]. Journal of Glaciology & geocryology,2000,22(2):113-120.

[65] 马培君.防风保温门对大坂山隧道洞内温度的影响[J].青海交通科技,2001(2):24-25.

[66] 邓刚,郑金龙,李海清.寒区隧道离壁式衬砌结构的保温隔热原理研究[J].公路隧道,2008(03):6-11.

[67] 张耀,赖远明,张学富.寒区隧道隔热层设计参数的实用计算方法[J].中国铁道科学,2009(02):66-70.

[68] 夏才初,范东方,韩常领.寒区隧道不同类型冻土段隔热(保温)层铺设厚度计算方法[J].中国公路学报,2013(05):131-139.

[69] 夏才初,范东方,李志厚,等.隧道多年冻土段隔热层厚度解析计算结果的探讨[J].土木工程学报,2015(02):118-124.

[70] 姚红志,张晓旭,董长松,等.多年冻土区公路隧道保温隔热层铺设方式及材料性能对比分析[J].中国公路学报,2015(12):106-113.

[71] 赵勇,等.隧道设计理论与方法[M].北京:人民交通出版社股份有限公司,2019.

第 2 章　寒区隧道温度场计算方法

2.1　大气温度及变化

隧道的修建打破了山体本身的地温体系。具体来讲,隧道的修建使山体出现一个空洞,通风作用带动洞外的气流进入洞内,对围岩进行加热或放热的作用。当隧道建成后,洞身同时受到隧道入口大气温度、地表大气温度及地壳内部温度的共同影响,如图 2-1 所示。其中热量在衬砌及围岩内的传递属于热传导问题,热量在风流与隧壁间的传递问题则属于热对流问题。

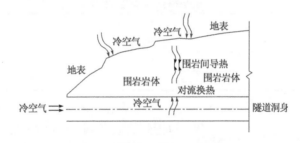

图 2-1　隧道与上覆地层传热模型

1) 大气温度及变化

隧道内风流是由地面流入,地面大气的温度将直接影响到隧道内风流的温度,从而与衬砌与围岩内的温度产生热交换。地面大气的温度随每天的不同时间及每年的不同季节而变化,这样的变化也同样影响到隧道内气候及衬砌与围岩内的温度。

气温日变化主要是由太阳辐射在地表面上有规律的日变化引起,在一天中,通常最高温度出现在当地 14 时到 15 时,最低气温出现在日出前后,其最高值与最低值之间的差值称为气温日较差,山区气温日较差受纬度、季节、地形、天气状况和海拔高度等因素的影响。

气温年变化与日变化一样,在一年中月平均气温有一个最高值和一个最低值。一年中月平均最高值与最低值之间的差值,称为气温年较差(或称气温年振幅)。山区气温年较差的大小因纬度、海拔而异。纬度越高,年较差越大;青藏高原与同纬度平原相比,气温年较差较小。

空气进入隧道后,随着流经路线的加长,日气温变化强度减弱,在距隧道洞口一定距离以后日气温变化基本衰减为 0。大气温度的年变化对隧道内气候及衬砌与围岩内的温度的影响要比日变化的影响显著得多。

2) 地壳温度场

地壳中任一点的瞬间温度值的集合称为地壳温度场。它受地球内部热源、太阳辐射能量、地壳形变、岩浆入侵、地球纬度、地形、地貌、气候、植被及岩石物理性质的影响,具有很大的空间和时间差异性。隧道、矿山等都是修建在地壳中或地壳表层的构筑物,要研究这些构筑物的温度特征,就必须研究地壳温度场及其对构筑物温度场的影响。

地球内部是一个巨大的热源。它单是以热传导方式在地球表面散发的热量每年就有 1.025×10^{21} J,地表散热是大地热流散失的主要方式,此外还有:火山喷发活动、温泉与地热带释放热量、地震释放热量三种较主要的散热方式;放射性元素衰变生热是地球内热的主要来源,麦克唐纳在1965年估算出地球放射性元素生热量 $Q_R = 9.92 \times 10^{20}$ J/年。

地球内部温度越高,其内部向地表通过导热、辐射传递的热量越多。地球内部温度在地壳浅部随深度的增加而增加;在地壳深处,则随深度的增加,温度慢慢维持在一个恒定的温度值。详见表2-1。

地球内部温度与深度的变化关系 表2-1

深度(km)	位　置	温度(℃)
100	上地幔顶部局部熔融开始	1100~1200
400	上地幔橄榄石—尖晶石相变带	1500
700	上下地幔界面	1900
2900	地幔地核分界面	3700
5100	内外地核分界面	4300
6371	地心	4500

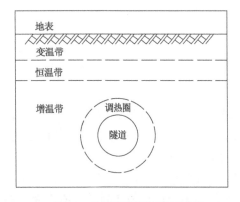

图2-2 地表及隧道温度场示意图

地表温度场主要取决于太阳辐射到地面上的能量与地表辐射回太空的能量间的平衡。由于太阳辐射到地表的能量随时间作周期变化,因此,地壳表层的温度也随时间而变化,但地表温度波动一般影响深度较浅,只有在考虑长期的地球气候变化时,才对地球深部的温度产生影响。根据地温测量数据,正常情况下地壳浅层深度在7km以内,其温度分布可以分为变温带、常温带、增温带。详见图2-2。

由于太阳辐射到地表的能量随时间作周期变化,因此,变温带实际上是一个准稳定温度场。根据太阳辐射热的周期变化,地壳浅层变温带又可分为日变温带、年变温带及多年变温带,其温度变化幅度按一定规律随深度递减。日变温带温度变化幅度及其影响深度取决于特定的气候特点和地表上岩石的成分、植被等。实测资料表明,日变温带深度为1~2m。在地下一定深度一年里发生的温度变化是明显的,但是变化幅度各地有异。地表年温度波动主要取决于季节变化,而赤道附近地表年温度振幅远远小于高纬度地区的振幅。因此赤道附近的地下温度也比高纬度地区均匀。北半球南坡的气候比背向太阳的一侧温度高,而高程每增加100m,年平均温度大约下降1℃。所有这些变化都反映到变温带上。实测资料表明,年变温带的深度为日变温带深度的19倍,年变温带深度为15~30m。多年变温带主要是受世纪性古气候变化的影响,这种变化周期可长达几千年,温度的振幅可达10℃,温度变化波及地下的深度远远超过年温度变化的影响深度,可达几百米甚至1000m以上。

变温带以下即为恒温带。在地壳某一深度处,由于太阳辐射影响减弱,地球内部热量与变温带的影响达到相对热平衡,温度不再发生较大变化,因此称为恒温带。恒温带的厚度一般比较薄。由于地表和岩层的温度与大气圈系统的热交换,因而将产生日恒温带、年恒温带、多年恒温带、永久恒温带。各恒温带温度和深度同样取决于自然地理、气候、土壤、地质、水文地质、地表等条件。在各恒温带中,年恒温带是一个重要区域,在很多情况下地下工程和矿山工程都与年恒温带有密切的联系。根据观测,年恒温带深度一般在15~30m。年恒温带的温度取决于来自大气的热量、地球内部上升的热流密度及岩石、土壤中进行的化学、物理和其他作用,由于大气—土壤—岩石圈系统中热力平衡不稳定和平衡时间短,因此各地年恒温带的温度也是变化的。实地测量表明,年恒温带温度各地不一,一般高于当地年平均气温1~2℃。恒温带的深度和其相应的温度在一定程度上反映一个地区近地表处浅层的热状况和热历史。在实际工作中,它对隧道沿线区域地温场的评价及深部地温的预测,是十分有用的参数。

恒温带以下,越向深处温度越高,其温度分布和热状态主要受地球内部的热量所控制,这就是增温带。增温带中温度稳定地向着地球中心方向递增,它不随时间变化,是一个稳定的温度场。正常增温带可以由下式预测:

$$T = t + \frac{H - h}{g_T} \tag{2-1}$$

式中:H——预测点处距地表的深度(m);
    T——H深度处地层原温(℃);
    t——恒温带温度(℃);
    h——恒温带距地表的深度(m);
    g_T——地温梯度(℃/m),根据资料,全球平均正常地温梯度为3℃/100m。

3) 传热基本理论

热量传递有三种基本方式,即热传导、热对流及热辐射。

热传导简称导热,它是相互接触而温度不同的物体或物体中温度不同的各部分之间,当不存在宏观的相对位移时,由微观粒子(分子、原子和它们的组成部分)的移动、转动和振动等热运动引起的热传递现象。1822年,傅里叶(Joseph Fourier)提出了傅里叶导热定律:

$$Q = \lambda A \frac{\Delta T}{\delta} \tag{2-2}$$

式中:Q——单位时间内传递的热量(W);
    λ——导热系数[W/(m·℃)];
    A——垂直于导热方向的截面积(m²);
    ΔT——热流经过两侧的壁温差(℃);
    δ——热流经过的距离(m)。

流体中温度不同的各部分之间,由于相对的宏观运动而把热量从一处带到另一处的现象,称为热对流。工程上,常把具有相对位移的流体与所接触的固体壁面之间的热传递过程称为对流换热。1701年,牛顿(Isaac Newton)提出牛顿冷却公式:

$$Q = \alpha A \Delta T = \alpha A(T_w - T_f) \qquad (2\text{-}3)$$

式中:α——对流换热系数[W/(m²·℃)];

ΔT——壁面温度 T_w 与流体温度 T_f 之差(℃)。

凡温度高于 0(K)的物体都有向外发射辐射粒子的能力,辐射粒子所具有的能量称为辐射能。1879 年,斯蒂芬(Stefen)利用他人的试验数据发现物体的辐射能与其绝对温度的四次方成比例,波尔兹曼(Boltzmann)于 1884 年从热力学原理导出下式:

$$Q = \sigma_b A T^4 \qquad (2\text{-}4)$$

式中:σ_b——斯蒂芬—波尔兹曼常数,其值为 5.67×10^{-8} W/(m²·K⁴);

T——物体表面的绝对温度(K)。

4)隧道衬砌及围岩内的热传导

隧道围岩内温度场的形成及重新调整属于导热过程。其温度可以表示成函数式:

$$T = f(x,y,z,\tau) \qquad (2\text{-}5)$$

式中:T——围岩空间中某点在瞬间 τ 时的温度值(℃);

x、y、z——该点的空间坐标;

τ——时间(s)。

设有一各向同性且有三维温度场的均质导热体,内部无内热源,导热体的导热系数 λ、比热容 c[J/(kg·℃)]和密度 ρ(kg/m³)等均为已知的定值。在导热体中取一微元体如图 2-3 所示。

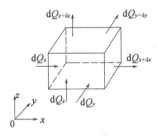

图 2-3 直角坐标系中微元体三维导热模型

根据傅里叶定律,单位时间内沿 x 轴从微元体左、右两壁面导入和导出的热量为:

$$\mathrm{d}Q_x = -\lambda \frac{\partial T}{\partial x} \mathrm{d}y \mathrm{d}z \qquad (2\text{-}6)$$

$$\mathrm{d}Q_{x+\mathrm{d}x} = -\lambda \left[\frac{\partial}{\partial x}\left(T + \frac{\partial T}{\partial x}\mathrm{d}x\right)\right]\mathrm{d}y\mathrm{d}z \qquad (2\text{-}7)$$

沿 x 轴向微元体净得热量为:

$$\mathrm{d}Q_x - \mathrm{d}Q_{x+\mathrm{d}x} = \lambda \frac{\partial^2 T}{\partial x^2}\mathrm{d}x\mathrm{d}y\mathrm{d}z \qquad (2\text{-}8)$$

同理,沿 y 轴和 z 轴向微元体净得热量各为:

$$\mathrm{d}Q_y - \mathrm{d}Q_{y+\mathrm{d}y} = \lambda \frac{\partial^2 T}{\partial y^2}\mathrm{d}x\mathrm{d}y\mathrm{d}z \qquad (2\text{-}9)$$

$$\mathrm{d}Q_z - \mathrm{d}Q_{z+\mathrm{d}z} = \lambda \frac{\partial^2 T}{\partial z^2}\mathrm{d}x\mathrm{d}y\mathrm{d}z \qquad (2\text{-}10)$$

微元体获得能量后,单位时间内内能的改变为:

$$\mathrm{d}E = c\rho \mathrm{d}x\mathrm{d}y\mathrm{d}z \frac{\partial T}{\partial \tau} \qquad (2\text{-}11)$$

将式(2-7)~式(2-10)代入能量守恒方程 $\mathrm{d}Q = \mathrm{d}E$,整理后得三维非稳态导热微分方程式:

$$\frac{1}{a}\frac{\partial T}{\partial \tau} = \frac{\partial^2 T}{\partial x^2} + \frac{\partial^2 T}{\partial y^2} + \frac{\partial^2 T}{\partial z^2} \tag{2-12}$$

式中：a——围岩的物性参数热扩散率(或称导温系数)，$a = \lambda/c\rho$。

5) 隧道壁与风流间的对流换热

流体在管内流动可分为层流与紊流，工程上用雷诺准则判断层流与紊流。即雷诺数 $R_e = \rho v D/\mu < 2200$ 时为层流。在标准大气压、20℃时，空气的动力黏度 $\mu = 18.1 \times 10^{-6} \mathrm{N \cdot s/m^2}$，密度 $\rho = 1.205 \mathrm{kg/m^3}$，隧道水力直径 $D = 6.22\mathrm{m}$。当风流速度 $v = 1.5 \sim 10\mathrm{m/s}$ 变化时，雷诺数 $R_e = 6.2 \times 10^5 \sim 4.14 \times 10^6 \gg 2200$，故风流在隧道内流动属于紊流。

紊流边界层可划分为三个区域，即紧靠壁面而流体的黏性足以阻止流体微团掺混的层流底层、流体黏性作用和微团的掺混作用属于同一数量级的缓冲层以及流体黏性作用很小而微团掺混占支配地位的紊流核心。通常，为使分析简化，认为紊流边界层中仅存在层流底层和紊流核心两个区域。图 2-4 所示的虚线将层流与紊流核心隔开。紊流核心中流速分布比较均匀；极薄的层流底层中速度梯度甚大，其中法向热传递属于纯导热。当紊流趋向旺盛时，层流底层变得很薄，紊流核心厚度近似等于隧道水力直径。

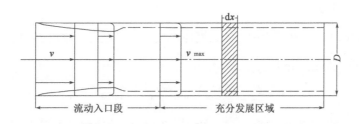

图 2-4 紊流模型

工程上，风流在隧道里流动时，由于流动入口段较短，因此我们主要关心风流充分发展段的温度分布。隧道围岩可以看成无限大，隧道为无限长圆筒，洞内风流强迫地沿隧道流动，在无辐射的情况下与隧道壁进行对流换热，风流温度可以处理成沿隧道纵向的一维问题。风流的温度变化可以分为两种类型：

①非稳态传热。在运营不久，围岩调热圈的发展还没有稳定，此时风流温度是距离 x 和时间的函数。

②稳态传热。隧道运营一段时间后，围岩调热圈已发展稳定，此时风流温度仅是距离 x 的函数。

(1) 对流换热的微分方程式

低温流体 T_f 沿高温岩壁 T_w 流动时，按照牛顿冷却公式(2-6)可得沿壁面任一 x 处单位面积的局部对流换热量 $q_x = \alpha_x(T_w - T_f)$。

因为紧贴壁面处极薄的流体分子层中，流体与壁面不存在相对运动，而热量的传递仅依靠导热，根据傅里叶导热定律式(2-2)，可得局部导热换热量 $q_x = -\lambda \left(\dfrac{\partial T}{\partial y}\right)_{y=0}$。根据局部导热与换热量相等，可得换热微分方程式：

$$\alpha_x(T_w - T_f) = -\lambda \left(\frac{\partial T}{\partial y}\right)_{y=0} \tag{2-13}$$

(2) 连续性微分方程式

从紊流核心区孤立出来的气流微元体,如图 2-4 所示的阴影部分,微元体长为 $\mathrm{d}x$。单位时间内,从微元体左侧流入的流体质量为 ρvA,从右侧流出的流体质量为 $\left(\rho + \frac{\partial \rho}{\partial x}\mathrm{d}x\right)\left(v + \frac{\partial v}{\partial x}\mathrm{d}x\right)A$,微元体内质量的集聚率为 $A\frac{\partial \rho}{\partial \tau}\mathrm{d}x$。质量守恒定律可表示为:{流入微元体的质量速率} − {流出控制体的质量速率} = {微元体内质量的集聚率}。

将各部分代入质量守恒方程中可得方程:

$$\rho vA - \left(\rho + \frac{\partial \rho}{\partial x}\mathrm{d}x\right)\left(v + \frac{\partial v}{\partial x}\mathrm{d}x\right)A = A\frac{\partial \rho}{\partial \tau}\mathrm{d}x \tag{2-14}$$

整理式(2-14)并略去高阶项可得连续性微分方程式:

$$\frac{\partial \rho}{\partial \tau} + v\frac{\partial \rho}{\partial x} + \rho\frac{\partial v}{\partial x} = 0 \tag{2-15}$$

式中:ρ——空气密度($\mathrm{kg/m^3}$)。

(3) 动量微分方程式

上节中已经列出了流入和流出微元体的流体质量,微元体左右两侧的速度分别为 v、$v + \frac{\partial v}{\partial x}\mathrm{d}x$。因此,单位时间内微元体动量增量为:

$$\rho v^2 A - \left(\rho + \frac{\partial \rho}{\partial x}\mathrm{d}x\right)\left(v + \frac{\partial v}{\partial x}\mathrm{d}x\right)A\left(v + \frac{\partial v}{\partial x}\mathrm{d}x\right) \tag{2-16}$$

整理式(2-16)并略去高阶项后,单位时间内微元体的动量增量可简化为:

$$-\left(2\rho v\frac{\partial v}{\partial x} + v^2\frac{\partial \rho}{\partial x}\right)\mathrm{d}xA \tag{2-17}$$

作用在微元体上的力有压力、黏性力、重力沿隧道坡度的分力。微元体为气体,黏性系数很小,可以忽略;重力沿隧道坡度的分力为 $AJ\rho g\mathrm{d}x$;作用在微元体上的压力差为 $-A\frac{\partial p}{\partial x}\mathrm{d}x$。牛顿第二定律在流体中的表现形式(动量方程)为:{微元体中动量的增量率} = {作用在微元体上各力之和}。根据此平衡可得:

$$-\left(2\rho v\frac{\partial v}{\partial x} + v^2\frac{\partial \rho}{\partial x}\right)\mathrm{d}xA = -AJ\rho g\mathrm{d}x - A\frac{\partial p}{\partial x}\mathrm{d}x \tag{2-18}$$

整理式(2-18)可得微元体满足的动量微分方程式:

$$2\rho v\frac{\partial v}{\partial x} + v^2\frac{\partial \rho}{\partial x} = J\rho g + \frac{\partial p}{\partial x} \tag{2-19}$$

式中:p——隧道中某点的空气压强($\mathrm{N/m^2}$);

　　　J——隧道坡度,上坡为正,下坡为负;

　　　g——重力加速度,取 $9.8\mathrm{m/s^2}$。

(4) 能量微分方程式

流体流过与其温度不同的壁面,与壁面进行热交换而改变温度。微元体左右两侧的温度

各为 T、$T+\frac{\partial T}{\partial x}\mathrm{d}x$,流入和流出微元体的流体质量为 ρvA、$\left(\rho+\frac{\partial \rho}{\partial x}\mathrm{d}x\right)\left(v+\frac{\partial v}{\partial x}\mathrm{d}x\right)A$,空气的定压比热容为 $c_\mathrm{p}[\mathrm{J/(kg\cdot ℃)}]$,在单位时间内微元体中由质量流引起的热量增量为:

$$\rho vAc_\mathrm{p}T - \left(\rho+\frac{\partial \rho}{\partial x}\mathrm{d}x\right)\left(v+\frac{\partial v}{\partial x}\mathrm{d}x\right)Ac_\mathrm{p}\left(T+\frac{\partial T}{\partial x}\mathrm{d}x\right) \qquad (2\text{-}20)$$

略去高阶无穷小和利用连续性微分方程式后,微元体热量增量可简化为:

$$-Ac_\mathrm{p}\left(\rho v\frac{\partial T}{\partial x}+\rho T\frac{\partial v}{\partial x}+vT\frac{\partial \rho}{\partial x}\right)\mathrm{d}x \qquad (2\text{-}21)$$

单位时间内风流微团与岩壁的对流换热量为:

$$\alpha U(T_\mathrm{b}-T)\mathrm{d}x \qquad (2\text{-}22)$$

设备的均匀发热量为 q_s,根据能量守恒定律,利用式(2-20)与式(2-21)可得:

$$-Ac_\mathrm{p}\left(\rho v\frac{\partial T}{\partial x}+\rho T\frac{\partial v}{\partial x}+vT\frac{\partial \rho}{\partial x}\right)\mathrm{d}x + \alpha\mathrm{d}xU(T_\mathrm{b}-T) + q_\mathrm{s}\mathrm{d}x = \rho Ac_\mathrm{p}\frac{\partial T}{\partial \tau}\mathrm{d}x \qquad (2\text{-}23)$$

整理式(2-23)得能量微分方程式:

$$\rho Ac_\mathrm{p}\frac{\partial T}{\partial \tau}+Ac_\mathrm{p}\left(\rho v\frac{\partial T}{\partial x}+\rho T\frac{\partial v}{\partial x}+vT\frac{\partial \rho}{\partial x}\right) = \alpha U(T_\mathrm{b}-T) + q_\mathrm{s} \qquad (2\text{-}24)$$

式中:q_s——设备的均匀发热量(W/m);
U——隧道横断面周长(m);
T_b——隧道壁温(℃)。

(5) 风流状态方程

式(2-15)、式(2-19)、式(2-24)三个方程中含有速度 v、压强 p、温度 T 及密度 ρ 四个变量,还需补充一个方程才能求解。

对于完全气体,应满足克拉贝龙状态方程:

$$p = \rho RT \qquad (2\text{-}25)$$

式中:R——气体常数,标准状况下空气的气体常数为 287J/(kg·k)。

至此,式(2-15)、式(2-19)、式(2-24)、式(2-25)便构成了描述隧道风流温度的完整偏微分方程组。

2.2 隧道横断面传热分析

1) 圆形断面与马蹄形断面隧道温度场的对比

山岭铁路隧道多为马蹄形非标准圆断面,在隧道温度场的研究中,圆形断面模型能否代替马蹄形等实际隧道模型,其适应性值得研究。本节将应用 CFD 计算软件 FLUENT 建立简单三维隧道结构—空气的导热与对流换热模型,分别对相同工况下马蹄形和相应当量直径圆形隧道的温度场进行模拟计算,比较马蹄形和圆形隧道的边界和围岩内的温度温度场,验证采用圆形断面模型代替马蹄形断面在传热温度场计算中的适应性。

(1)模型的建立

在隧道温度场的理论计算中,多采用与实际断面相应当量直径的圆形断面计算模型。在流体力学中,把水力半径相等的圆管直径定义为非圆管的当量直径 R,如下式:

$$R = A/U = 0.25d \tag{2-26}$$

式中:A——截面积;

U——湿周长度。

与圆形断面相比,非圆形断面的当量直径也可以用4倍的水力半径表示。

为了直观清晰地对比马蹄形断面和相应当量直径圆形断面隧道模型的温度场分布规律,本书建立了长度为1000m的隧道计算模型,当量直径11.5m,以每250m为一个岩温段,赋给4个不同的原始围岩温度,分别为9℃、30℃、25℃、9℃,计算周期为5年。隧道内气流速度取为3m/s,洞外气流取恒定温度3℃,风流从进口端恒定吹响出口端。计算模型断面采用的是144m边长的正方形围岩,根据经验,这个范围大于隧道温度变化的范围。

计算模型的三维网格划分图如图2-5所示。为了使模拟验证更加简单易行,同时考虑到计算模型中网格在微小处的精确度的问题,在此次计算中,不考虑尺寸较小的初期支护和二次衬砌,只考察围岩和隧道中空气之间的换热。模拟中考虑气固之间的强制热耦合计算。隧道横断面内网格划分如图2-6、图2-7所示。

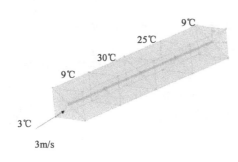

图2-5 1000m隧道三维计算网格划分示意图

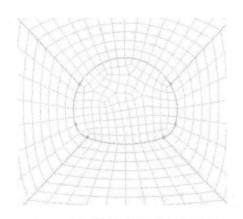

图2-6 马蹄形横断面局部网格划分示意图

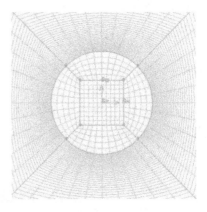

图2-7 圆形横断面局部网格划分示意图

(2)边界条件和材料参数

计算模型的边界条件设置如下:

①隧道入口设置风温边界条件3℃恒温和速度入口边界条件3m/s。

②隧道出口设置为压力出口边界条件,并给定出口压力为标准大气压。

③隧道的壁面设置为固体壁面边界条件。

④围岩设置初始岩温条件9℃、30℃、25℃、9℃。

介质材料参数如表2-2所示。

介质材料参数 表2-2

介质材料	密度 (kg/m³)	恒压比热容 [J/(kg·℃)]	导热系数 [W/(m·℃)]
围岩	2200	850	2.5
空气	1.2	1005	0.0242

(3) 计算结果对比

如图2-8所示,在FLUENT模拟计算中分别选取隧道断面的4个点温度进行分析,从隧道顶到隧道底分别为测点1～测点4。

以距入口400m的隧道横断面(原始岩温为30℃)为研究对象,得到不同计算通风时刻隧道断面的温度云图,如图2-9～图2-11所示。

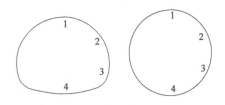

图2-8 隧道断面内温度测点分布图

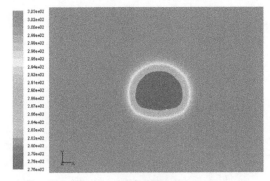

a) 马蹄形隧道

b) 圆形隧道

图2-9 通风1个月时径向岩温分布云图(距入口400m断面)

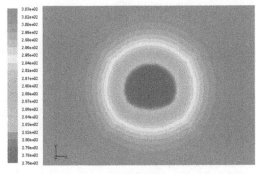

a) 马蹄形隧道

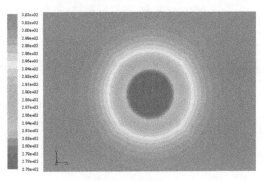

b) 圆形隧道

图2-10 通风1年时径向岩温分布云图(距入口400m断面)

由图2-9～图2-11可知,对于入口冷空气对马蹄形和圆形隧道断面内径向岩温的影响范围,计算1个月时为7m左右,计算1年时为23m左右,计算5年时为38m左右。由此可见,对于马蹄形隧道和圆形隧道,二者温度场调热圈范围相差不大。

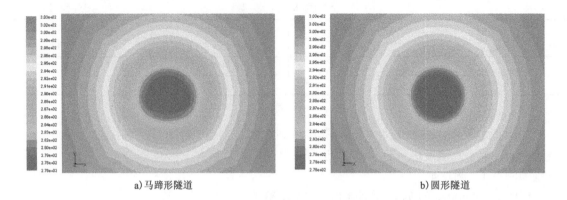

a) 马蹄形隧道　　　　　　　　　　　　　　b) 圆形隧道

图 2-11　计算通风 5 年时径向岩温分布云图(距入口 400m 断面)

马蹄形和圆形隧道横断面内的温度随径向距离的变化规律如图 2-12 ~ 图 2-14 所示,在这里选取了距风流入口端 400m 处横断面进行分析。

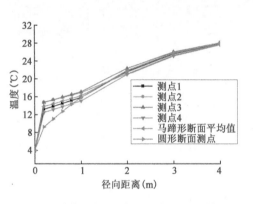
图 2-12　计算 1 个月马蹄形(测点 1 ~ 4)和圆形断面内各点温度(距入口 400m 断面)

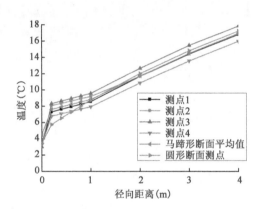
图 2-13　计算 1 年马蹄形(测点 1 ~ 4)和圆形断面内各点温度(距入口 400m 断面)

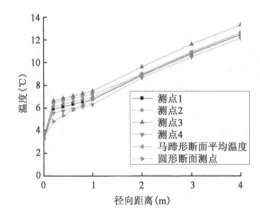

图 2-14　计算 5 年马蹄形(测点 1 ~ 4)和圆形断面内各点温度(距入口 400m 断面)

对距隧道入口 400m 处断面内马蹄形和相应当量直径圆形断面各测点温度沿径向分布的分析可知:

①在距隧道壁较近的围岩,圆形断面和马蹄形断面温度有较大的差异。在洞内对流边界处,圆形隧道温度高于马蹄形隧道温度平均值,到径向距隧道壁一定距离时发生突变,该区域内圆形隧道温度明显低于马蹄形隧道温度平均值。

②径向距隧道壁一定距离(本书算例为1m左右)开始,圆形隧道测点温度与马蹄形断面内测点温度平均值趋于一致。

③对于径向一定范围内(本书算例为1m左右)圆形隧道温度与马蹄形隧道温度的差异:计算1个月时,径向距隧道壁0.2m处马蹄形断面测点平均温度比圆形隧道测点温度高出4.54℃,该差值在计算5年后降低至1.33℃。这表明计算初期由断面形状产生的径向一定范围内的温差,在计算5年以后降低到工程使用可接受范围。

(4) 对流边界温度分布对比分析

同样选取距隧道入口400m处横断面壁面的温度进行研究,得到不同计算通风时刻洞壁温度,如图2-15所示。

由计算结果可知,洞壁测点1的温度最高,测点4温度最低。从测点1~测点4,温度逐渐降低,说明测点高度越高,温度越高。各测点温度平均值与测点2及测点3的温度接近。随着计算时间的增长,各测点温度逐渐降低,且逐渐趋于洞口风温(3℃)。随着计算时间的增加,圆形隧道洞壁温度和马蹄形隧道断面洞壁平均温度的差值越来越小,计算5年后,差值从0.18℃减小到0.03℃。

(5) 围岩内部温度的对比分析

取距洞壁径向0.1m处围岩温度进行分析。如图2-16所示是计算通风5年,计算得出的马蹄形隧道横断面4个点及圆形隧道围岩温度随时间分布图。

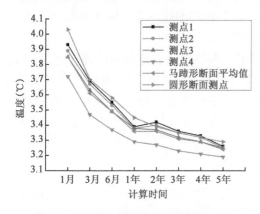

图2-15 马蹄形和圆形断面洞壁温度随时间变化图(距入口400m断面)

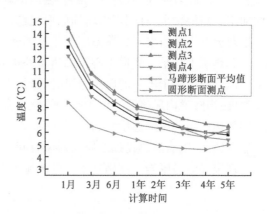

图2-16 距进口400m两种形状断面围岩温度随时间变化图(径向0.1m)

由图2-16可知,对径向0.1m围岩温度,马蹄形断面测点2和测点3温度最高,测点4的温度最低。对于圆形隧道,4个点处温度相同,其温度小于马蹄形隧道4个测点的平均温度。在计算1个月时,马蹄形断面4个测点的平均温度比圆形隧道高5.1℃,计算1年时高2.0℃,计算5年仅高1.0℃。

对比分析围岩和对流边界温度分布规律可知,径向一定范围内,圆形断面隧道的围岩温度比马蹄形断面隧道的围岩温度低,而圆形断面隧道的洞壁温度比马蹄形隧道断面的洞壁温度高。随着计算时间的增加,两种断面相同位置温度都有趋同的趋势。

综上所述,通过 CFD 软件计算可知,马蹄形断面和等效直径圆形断面隧道模型温度场有细微差异,随着时间的增长,差异逐渐减小。采用圆形断面计算模型能够满足工程应用使用要求。

2) 隧道横断面稳态传热的理论分析

(1) 模型假设

根据 2.1 节中已描述隧道传热的基本理论以及上一节中不同渠道断面温度场的对比分析,采用解析法确定隧道横断面内的温度场时,进行下述假定:

①隧道横截面为圆形,其半径采用等效水力半径。

②隧道为无限长圆筒,不考虑隧道纵向和圆周方向的导热,热流流向为径向,各个方向的径向传热是均匀的。

③隧道围岩均质且各向同性。

④隧道洞周所研究范围内围岩原温为定值。

⑤隧道壁面对流换热系数为定值。

(2) 围岩调热圈及其判定条件

在未开挖隧道之前,岩体维持着一种处于原始地温的平衡状态。当隧道开挖修建衬砌并通风以后,因风温与岩温存在差别,必然会发生热交换,这种平衡状态就被打破。当岩体的温度高于风流的温度时,热量从岩体传递到衬砌并散发到风流,岩体内的温度逐渐降低,并且温度降低的范围不断地向深部延伸,直到形成新的热平衡状态。根据传热学原理,岩体内温度降低延伸范围随着时间的增长而加大,在建设运营初期该增长率较大,随着运营时间的增加,其增加率不断地减小,直到不再增加而形成稳定状态。在该范围的边界上岩体处于原始地温,受开挖及运营影响而引起岩体温度变化范围就构成了调热圈。

调热圈半径是指隧道中心至调热圈外边界的范围。调热圈及风流热量传递规律为:当隧道内风流温度高于围岩的原始岩温时,热量由风流传递给围岩及衬砌,围岩及衬砌吸热降低风流温度;当隧道内风流温度低于围岩的原始岩温时,热量由围岩及衬砌传递给风流,调热圈围岩的放热作用使风流温度增高。因此,调热圈大小的主要影响因素包括岩层的原始岩温、隧道风温及风速、围岩的热物理性质及通风时间。

现定义隧道围岩温度满足下式的区域为调热圈范围:

$$\frac{|T - T_w|}{T_w} \geqslant 0.01 \tag{2-27}$$

式中:T——围岩中任一点温度(℃);

T_w——原始岩温(℃)。

(3) 隧道横断面稳态导热的理论推导

将式(2-15)转换成圆柱坐标系下的偏微分方程为:

$$\frac{1}{a}\frac{\partial T}{\partial \tau} = \frac{\partial^2 T}{\partial r^2} + \frac{1}{r}\frac{\partial T}{\partial r} + \frac{1}{r^2}\frac{\partial^2 T}{\partial \phi^2} + \frac{\partial^2 T}{\partial z^2} \tag{2-28}$$

根据前述假设,围岩温度仅沿半径方向变化,即 $T = f(r)$,属于一维径向稳态导热。将式(2-28)简化成一维径向稳态导热方程:

$$\frac{d^2T}{dr^2} + \frac{1}{r}\frac{dT}{dr} = 0 \tag{2-29}$$

计算模型如图 2-17 所示。隧道净空半径 R，径向导热介质为 4 种，由内及外 4 种介质依次为二次衬砌、隔热层、初期支护、围岩调热圈，其外径依次为 R_4、R_3、R_2、R_1，其导热系数依次为 λ_4、λ_3、λ_2、λ_1，风流温度为 T_f，围岩原温为 T_w。设二次衬砌壁面处温度为 T_b，二次衬砌与隔热层交面处温度为 T_{w3}、隔热层与初期支护交面处温度为 T_{w2}、初期支护与围岩交面处温度为 T_{w1}。模型沿隧道长度方向为单位长度。

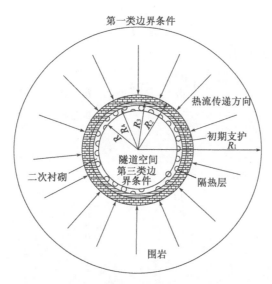

图 2-17　隧道横断面稳态传热计算模型及边界条件

二次衬砌壁面与空气的传热量为：

$$Q = \alpha U(t_f - t_b) \tag{2-30}$$

在二次衬砌两侧，赋予式（2-30）两个边界条件：

$$r = R, T = T_b \tag{2-31}$$

$$r = R_4, T = T_{w3} \tag{2-32}$$

对式（2-30）积分两次，可得其通解为：

$$T = c_1 \ln r + c_2 \tag{2-33}$$

将式（2-31）、式（2-32）代入式（2-33）可得：

$$c_1 = \frac{T_{w3} - T_b}{\ln \frac{R_4}{R}}$$

$$c_2 = \frac{T_f \ln R_4 - T_{w3} \ln R}{\ln \frac{R_4}{R}} \tag{2-34}$$

得：

$$T = \frac{T_{w3} - T_b}{\ln \frac{R_4}{R}} \ln r + \frac{T_4 \ln R_4 - T_{w3} \ln R}{\ln \frac{R_4}{R}} \tag{2-35}$$

通过二次衬砌的导热量为：

$$Q = -\lambda_4(2\pi r)\frac{dT}{dr} = 2\pi\lambda_4\frac{T_b - T_{w3}}{\ln\frac{R_4}{R}} = \frac{T_b - T_{w3}}{R_{\lambda 4}} \tag{2-36}$$

式中：$R_{\lambda 4}$——导热热阻，$R_{\lambda 4} = \ln\frac{R_4/R}{2\pi\lambda_4}$。

在隔热层两侧，赋予两个边界条件：

$$r = R_4, T = T_{w3} \tag{2-37}$$

$$r = R_3, T = T_{w2} \tag{2-38}$$

则通过隔热层的导热量为：

$$Q = -\lambda_3(2\pi r)\frac{dT}{dr} = 2\pi\lambda_3\frac{T_{w3} - T_{w2}}{\ln\frac{R_3}{R_4}} = \frac{T_{w3} - T_{w2}}{R_{\lambda 3}} \tag{2-39}$$

式中：$R_{\lambda 3} = \ln\frac{R_3/R_4}{2\pi\lambda_3}$。

同理，通过初期支护两侧的导热量为：

$$Q = -\lambda_2(2\pi r)\frac{dT}{dr} = 2\pi\lambda_2\frac{T_{w2} - T_{w1}}{\ln\frac{R_2}{R_3}} = \frac{T_{w2} - T_{w1}}{R_{\lambda 2}} \tag{2-40}$$

式中：$R_{\lambda 2} = \ln\frac{R_2/R_3}{2\pi\lambda_2}$。

通过导热圈围岩两侧的导热量为：

$$Q = -\lambda_1(2\pi r)\frac{dT}{dr} = 2\pi\lambda_1\frac{T_{w1} - T_w}{\ln\frac{R_1}{R_2}} = \frac{T_{w1} - T_w}{R_{\lambda 1}} \tag{2-41}$$

式中：$R_{\lambda 1} = \ln\frac{R_1/R_2}{2\pi\lambda_1}$。

热量沿径向传递，热量 Q 相等，结合两式消掉 T_{w1}、T_{w2}、T_{w3}、T_{w4}，可推导单位时间内的导热量为：

$$Q = \frac{T_f - T_w}{\dfrac{1}{\dfrac{R}{2\pi\alpha}} + \dfrac{\ln\dfrac{R_4}{R}}{2\pi\lambda_4} + \dfrac{\ln\dfrac{R_3}{R_4}}{2\pi\lambda_3} + \dfrac{\ln\dfrac{R_2}{R_3}}{2\pi\lambda_2} + \dfrac{\ln\dfrac{R_1}{R_2}}{2\pi\lambda_1}} \tag{2-42}$$

由式(2-42)可得，热流沿隧道横断面多层不同介质流动时，热阻的作用机理就像电阻一样，总热阻为分层热阻的叠加，且呈现以下特点：

①隧道横断面稳态传热时，围岩内温度呈自然对数曲线规律变化，具体分布受导热介质的厚度、对流换热系数、导热系数影响。

②围岩与风流的稳态热交换量 Q，与调热圈厚度有很大关系。厚度越大，热交换量越小；反之，热交换量越大。由此可知，确定调热圈厚度对围岩与风流间的换热量有着举足轻重的作用。

3) 隧道横断面非稳态传热解析解

隧道横断面非稳态导热时,围岩温度场除了沿径向变化外,也随时间变化,故 $T=f(r,\tau)$,由式(2-28)可得温度 T 满足方程:

$$\frac{1}{a}\frac{\partial T}{\partial t} = \frac{\partial^2 T}{\partial r^2} + \frac{1}{r}\frac{\partial T}{\partial r} \qquad R<r, t>0 \tag{2-43a}$$

$$T(r,t) = T_w \qquad R \leqslant r, t=0 \tag{2-43b}$$

$$-\lambda\frac{\partial T}{\partial r} = \alpha(T-T_f) \qquad r=R, t>0 \tag{2-43c}$$

式(2-33)的无因次温度的解析解为:

$$T^+ = 1 - \frac{B_i}{B_i^*}\left\{1 - e^{(B_i^*)^2/F_o}\left[1 - \mathrm{erf}(B_i^*/\sqrt{F_o})\right]\right\} \tag{2-44}$$

式中:T^+——无因次温度,$T^+ = \dfrac{T-T_f}{T_w-T_f}$;

B_i——毕奥数,$B_i = \alpha\delta/\lambda = (\delta/\lambda)/(1/\alpha)$,代表导热热阻和对流热阻之比,反映同一时刻围岩内部各点温度接近一致的特点,δ 为热流的流动距离;

B_i^*——$B_i^* = B_i + 3/8$;

F_o——傅里叶数,$F_o = \dfrac{at}{\delta^2}$;

α——壁面与风流的对流换热系数,可由 $\alpha = 0.426\dfrac{(vU)^{0.8}}{A^{0.2}}$ 确定,其中,v 为风速,U 为隧道周长,A 为隧道断面积;

erf——误差函数,$\mathrm{erf}(\phi) = \dfrac{2}{\sqrt{\pi}}\int_0^\phi e^{-\eta^2}d\eta$,$\mathrm{erf}(0)=0$,$\mathrm{erf}(1)=1$,erf 的值可查相关文献,$\eta = \dfrac{r}{2\sqrt{ht}}$。

横断面内一维非稳态导热无因次解析解虽从理论上给出了式(2-33)的解,但不能求解变化风流温度时的围岩温度分布,且计算过程较复杂,适用性不强。

4) 横断面内非稳态导热数值解

(1) 基本思路及步骤

对于偏微分方程,理论上是有真解(或称精确解或解析解)。但是,由于所处理的问题自身的复杂性,如复杂的边界条件,或者方程自身的复杂性等,造成很难获得方程的真解,因此,就需要通过数值的方法把计算域内有限数量位置(即网格节点)上的因变量值当作基本未知量来处理,从而建立一组关于这些未知量的代数方程,然后通过求解代数方程组来得到这些节点值,而计算域内其他位置上的值则根据节点位置上的值来确定。这样,偏微分方程定解问题的数值解法可以分为两个阶段。首先,用网格线将连续的计算域划分为有限离散点(网格节点)集,并选取适当的途径将微分方程及其定解条件转化为网格节点上相应的代数方程组,即建立离散方程组;然后,在计算机上求解离散方程组,得到节点上的解。节点之间的近似解,一般认为光滑变化,原则上可以应用插值方法确定,从而得到定解问题在整个计算域上的近似解。这样,用变量的离散分布近似解代替了定解问题精确解的连续数据,这种方法称为离散近似。可以预料,当网格节点很密时,离散方程的解将趋近于相应微分方程的精确解。此外,对于瞬态问题,还需要涉及时间域离散。图2-18描述了导热问题求解的基本过程。

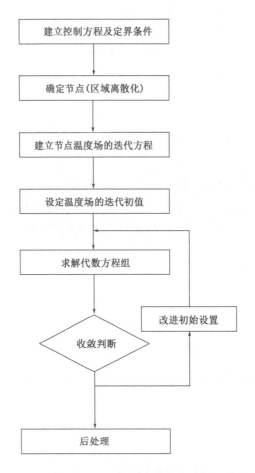

图2-18 导热问题数值求解流程图

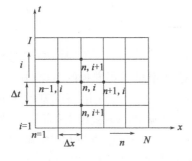

图2-19 一维非稳态传热问题的时间-空间离散

(2)导热问题数值求解的基本步骤

以隧道二维矩形域内非稳态、无内热源、常物性的导热问题为例进行研究,数值求解步骤如下:

①建立控制方程及定界条件

根据非稳态导热的控制方程,其边界条件分别为第一类和第三类边界条件。

②时空离散化及差分格式的建立

如图2-19所示,x坐标为空间坐标,t坐标为时间坐标,Δt称为时间步长,节点(n,i)代表了时—空区域中一个节点的位置,相应的温度记为$t_n^{(i)}$。

将函数 T 在节点 $(n,i+1)$ 对点 (n,i) 作泰勒展开,可有:

$$T_n^{(i+1)} = T_n^{(i)} + \Delta\tau \frac{\partial T}{\partial t}\Big|_{n,i} + \frac{\Delta t^2}{2}\frac{\partial^2 T}{\partial t^2}\Big|_{n,i} + \cdots \qquad (2\text{-}45)$$

于是有:

$$\frac{\partial T}{\partial t}\Big|_{n,i} = \frac{T_n^{(i+1)} - T_n^{(i)}}{\Delta t} + O(\Delta t) \qquad (2\text{-}46)$$

式中: $O(\Delta t)$ ——余项中 Δt 的最低阶为一次,则由式(2-46)得到在节点 (n,i) 处一阶导数的一种差分表达式:

$$\frac{\partial T}{\partial t}\Big|_{n,i} = \frac{T_n^{(i+1)} - T_n^{(i)}}{\Delta t} \qquad (2\text{-}47)$$

此式为向前差分。

类似地,将 T 在点 $(n,i-1)$ 对点 (n,i) 作泰勒展开,可得 $\frac{\partial T}{\partial t}\Big|_{n,i}$ 的向后差分格式的表达式:

$$\frac{\partial T}{\partial t}\Big|_{n,i} = \frac{T_n^{(i)} - T_n^{(i-1)}}{\Delta t} \qquad (2\text{-}48)$$

如果将 T 在点 $(n,i+1)$ 对点 $(n,i-1)$ 作泰勒展开,可得 $\frac{\partial T}{\partial t}\Big|_{n,i}$ 的中心差分格式的表达式:

$$\frac{\partial T}{\partial t}\Big|_{n,i} = \frac{T_n^{(i+1)} - T_n^{(i-1)}}{2\Delta t} \qquad (2\text{-}49)$$

以如式(2-50)所示的一维非稳态导热方程为例,扩散项取中心差分格式,非稳态取向前差分,则有式(2-51)所示差分格式:

$$\frac{\partial T}{\partial t} = a\frac{\partial^2 T}{\partial_x^2} \qquad (2\text{-}50)$$

$$\frac{T_n^{(i+1)} - T_n^{(i)}}{\Delta t} = a\frac{T_{n+1}^{(i)} - 2T_n^{(i)} + T_{n-1}^{(i)}}{\Delta x^2} \qquad (2\text{-}51)$$

进一步写成:

$$T_n^{(i+1)} = \frac{a\Delta t}{\Delta x^2}(T_{n+1}^{(i)} + T_{n-1}^{(i)}) + \left(1 - 2\frac{a\Delta t}{\Delta x^2}\right)T_n^{(i)} \qquad (2\text{-}52)$$

式(2-52)为显示差分格式,一旦 i 时层上各节点的温度已知,即可算出 $i+1$ 时层上的各节点的温度。

若把式(2-51)中的扩散项用 $i+1$ 时层上的值来表示,则有:

$$\frac{T_n^{(i+1)} - T_n^{(i)}}{\Delta t} = a\frac{T_{n+1}^{(i+1)} - 2T_n^{(i+1)} + T_{n-1}^{(i+1)}}{\Delta x^2} \qquad (2\text{-}53)$$

上式中已知的是 i 时层的值 $t_n^{(i)}$,而未知量有 3 个,因此不能直接由上式立即算出 $t_n^{(i+1)}$ 之值,而必须求解 $(i+1)$ 时层的一个联立方程组才能求出 $(i+1)$ 时层各节点的温度,因为式(2-53)称为隐式差分格式。隐式差分格式的缺点是计算工作量大,但它对步长没有限制,不会出现解的振荡现象。

③边界节点的离散方程

如图 2-20 所示为一无限大平板的右边界,该边界受到周边寒冷流体的冷却作用,对流换

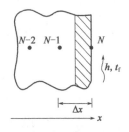

图 2-20 边界节点的离散示意图

热系数为 h。边界节点 N 代表宽度为 $\frac{\Delta x}{2}$ 的元体(图中阴影部分),应用能量守恒定律得:

$$\lambda \frac{T_{N-1}^{(i)} - T_N^{(i)}}{\Delta x} + \alpha(t_a - T_N^{(i)}) = \rho c \frac{\Delta x}{2} \frac{T_N^{(i+1)} - T_N^{(i)}}{\Delta t} \quad (2\text{-}54)$$

由式(2-54)可得:

$$T_N^{(i+1)} = T_N^{(i)}\left(1 - \frac{2h\Delta t}{\rho c \Delta x} - \frac{2a\Delta t}{\Delta x^2}\right) + \frac{2a\Delta t}{\Delta x^2}T_{N-1}^{(i)} + \frac{2\alpha\Delta t}{\rho c \Delta x}T_f \quad (2\text{-}55)$$

式中:$\frac{2a\Delta t}{\Delta x^2}$——以 Δx 为特征长度的傅里叶数,称为网格傅里叶数,$\frac{2\alpha\Delta t}{\rho c \Delta x}$ 一项可作如下变化:

$$\frac{\alpha\Delta t}{\rho c \Delta x} = \frac{\lambda}{\rho c}\frac{\Delta t}{\Delta x^2}\frac{\alpha\Delta x}{\lambda} = \frac{a\Delta x}{\Delta x^2}\frac{\alpha\Delta x}{\lambda} = F_0 B_{i_0} \quad (2\text{-}56)$$

式中:F_0——网格傅里叶数;

B_i——网格毕渥数。

这时,式(2-55)可写为:

$$T_N^{(i+1)} = T_N^{(i)}(1 - 2F_0 \cdot B_{i_0} - 2F_0) + 2F_0 T_{N-1}^i + 2F_0 \cdot B_i T_f \quad (2\text{-}57)$$

此外,为了使差分格式稳定,除了时间步长和空间步长应该有合适的大小之外,$T_N^{(i)}$ 和 $T_n^{(i)}$ 的系数都需大于等于 0,即有:

$$F_0 = \frac{a\Delta t}{\Delta x^2} \leqslant 0.5 \quad (2\text{-}58)$$

$$F_0 \leqslant \frac{1}{2(1 + B_i)} \quad (2\text{-}59)$$

当边界节点和内部节点的稳定性判断得出的 F_0 不同时,应以较小的 F_0 为依据来确定所允许的时间步长。

④设立迭代初始值

当采用有限差分法来求解温度场时,主要采用迭代的方法,这就需要对被求解的温度场预先假定一个解,称为初始场,在迭代过程中,该场随着传热过程不断被改进。

⑤求解代数方程组

⑥后处理分析

(3)方程离散及差分方程式建立

本节首先要将隧道横断面构造特点,将计算区域离散化,即对空间上连续的计算区域进行划分,把它划分成许多个子区域,并确定每个区域中的节点,从而生成网格。然后,将控制方程在网格上离散,即将偏微分格式的控制方程转化为各个节点上的代数方程组。

①空间域的离散

沿径向,将二次衬砌、初期支护分为 5 份,将隔热层分为 2 份,将围岩划分为 6 个子区域,在第 $i(1 \leqslant i \leqslant 6)$ 个子区域,按距离步长 $\Delta r_i = 2^{i-3} \cdot R$ 布置 8 各节点,这样在空间域共布 61 个节点。节点 1 为对流边界,节点 6、8、13 为复合材料传热边界,节点 61 为温度边界,其余点均为内部点。空间域约厚 $128R$。

经试算,即便是隧道通风20年,实际调热圈的厚度远远小于空间域厚度,这样足以探明调热圈温度分布随时间的变化规律,故这种取法合理。离散节点如图2-21所示。

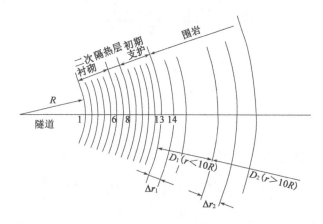

图2-21 节点离散示意图

取定初期支护厚度为0.25m,隔热层厚度为0.04m,二次衬砌厚度为0.4m。则可得各节点距隧道中心的距离,如表2-3所示。

各节点距隧道中心的距离　　　　　表2-3

节点号	距离(m)	节点号	距离(m)	节点号	距离(m)	节点号	距离(m)	节点号	距离(m)
1	3.11	14	4.58	27	19.35	40	66	53	196.62
2	3.19	15	5.36	28	20.9	41	72.22	54	221.5
3	3.27	16	6.13	29	22.46	42	78.44	55	246.38
4	3.35	17	6.91	30	25.57	43	84.66	56	271.26
5	3.43	18	7.69	31	28.68	44	90.88	57	296.14
6	3.51	19	8.47	32	31.79	45	97.1	58	321.02
7	3.53	20	9.24	33	34.9	46	109.54	59	345.9
8	3.55	21	10.02	34	38.01	47	121.98	60	370.78
9	3.6	22	11.57	35	41.12	48	134.42	61	395.66
10	3.65	23	13.13	36	44.23	49	146.86		
11	3.7	24	14.68	37	47.34	50	159.3		
12	3.75	25	16.24	38	53.56	51	171.74		
13	3.8	26	17.8	39	59.78	52	184.18		

②差分方程式的建立

a. 内部节点温度近似表达式推导

对于内部网格节点,用偏微分方程的替代法建立中心有限差分方程,其一阶、二阶偏导数可表示为:

$$\left.\begin{aligned}\frac{\partial T}{\partial r} &= \frac{T_{j+1,n} - T_{j-1,n}}{2(\Delta r)} \\ \frac{\partial^2 T}{\partial r^2} &= \frac{T_{j+1,n} - 2T_{j,n} + T_{j-1,n}}{(\Delta r)^2} \\ \frac{\partial T}{\partial t} &= \frac{T_{j,n+1} - T_{j,n}}{\Delta t}\end{aligned}\right\} \quad (2\text{-}60)$$

式中：$T_{j,n}$——节点 j 在 n 时刻的温度（℃）；

Δr——距离步长（m）；

Δt——时间步长（s）。

可得内部网格节点的温度 $T_{j,n+1}$ 的近似表达公式：

$$T_{j,n+1} = \frac{F_o}{2}\left[\left(2 + \frac{\Delta r}{r_j}\right)T_{j-1,n} + \left(\frac{2}{F_o} - 4\right)T_{j,n} + \left(2 - \frac{\Delta r}{r_j}\right)T_{j+1,n}\right] \quad (2\text{-}61)$$

式中：F_o——傅里叶准数，$F_o = \dfrac{a\Delta t}{(\Delta r)^2}$。

为使有限差分方程稳定，$T_{j,n}$ 项的系数不能为负值。即，

$$F_o \leq \frac{1}{2} \quad (2\text{-}62)$$

b. 对流边界节点温度近似表达式推导

仅节点 1 为对流边界条件，其传热模型如图 2-22 所示，模型在垂直于纸面方向为单位长度。

节点 2 通过导热传递给节点 1 的热量为：

$$Q_{2\text{-}1} = \lambda \frac{T_{2,n} - T_{1,n}}{\Delta r}\left(R + \frac{\Delta r}{2}\right)\theta \quad (2\text{-}63)$$

风流通过对流换热传递给节点 1 的热量为：

$$Q_{f\text{-}1} = \alpha(T_f - T_{1,n})R\theta \quad (2\text{-}64)$$

根据能量守恒定律，节点 1 单元控制体积吸收的热量等于其增加的内能，建立如下的偏心有限差分方程：

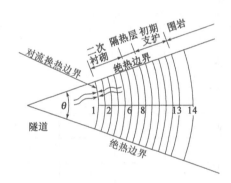

图 2-22 对流边界点传热模型

$$Q_{f\text{-}1} + Q_{2\text{-}1} = c_p \rho \frac{\Delta r}{2} R\theta \frac{T_{1,n+1} - T_{1,n}}{\Delta t} \quad (2\text{-}65)$$

整理式（2-65）可得对流边界节点 1 的温度 $T_{j,n+1}$ 的近似表达公式：

$$T_{1,n+1} = 2F_o\left[\left(1 + \frac{\Delta r}{2R}\right)T_{2,n} + B_i T_f + \left(\frac{1}{2F_o} - 1 - B_i - \frac{\Delta r}{2R}\right)T_{1,n}\right] \quad (2\text{-}66)$$

式中：B_i——毕奥数，$B_i = \dfrac{h \cdot \Delta r}{\lambda}$。

为使差分方程稳定，$T_{1,n}$ 项的系数不能为负值。即，

$$F_o \leq \frac{1}{2\left(1 + B_i + \dfrac{\Delta r}{2R}\right)} \quad (2\text{-}67)$$

c. 复合材料交接处节点温度近似表达式推导

该类型节点,由于节点两侧距离步长、传热介质的热物性参数均不同,故与前两种节点温度近似表达式的推导不尽相同,但也可按能量守恒法来推导。其传热模型如图 2-23 所示。

节点 j 所在的单元控制体积内包含了两种介质,对于不稳定态传热问题,必须求出 (ρc_p) 项的当量值,其值可由下式给出:

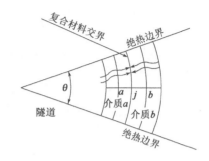

图 2-23 复合材料交点处节点传热模型

$$(\rho c_p)_{节点j} = \frac{u}{u+v}(\rho c_p)_{介质a} + \frac{v}{u+v}(\rho c_p)_{介质b} \tag{2-68}$$

式中:u——单元控制体积中介质 a 的体积,$u = \dfrac{r_j + r_j - \dfrac{\Delta r_a}{2}}{2} \cdot \theta \cdot \dfrac{\Delta r_a}{2}$;

v——单元控制体积中介质 b 的体积,$v = \dfrac{r_j + r_j + \dfrac{\Delta r_b}{2}}{2} \cdot \theta \cdot \dfrac{\Delta r_b}{2}$。

节点 a 向节点 j 传热量为:

$$Q_{a-j} = \lambda_a \frac{T_{a,n} - T_{j,n}}{\Delta r_a}\left(r_j - \frac{\Delta r_a}{2}\right)\theta \tag{2-69}$$

节点 b 向节点 j 传热量为:

$$Q_{b-j} = \lambda_b \frac{T_{b,n} - T_{j,n}}{\Delta r_b}\left(r_j + \frac{\Delta r_b}{2}\right)\theta \tag{2-70}$$

则由能量守恒可得:

$$Q_{a-j} + Q_{b-j} = (\rho c_p)_{节点j} \frac{\Delta r_a + \Delta r_b}{2}\theta\left(r_j - \frac{\Delta r_a - \Delta r_b}{4}\right)\frac{T_{j,n+1} - T_{j,n}}{\Delta t} \tag{2-71}$$

整理可得复合材料交点处节点的温度 $T_{j,n+1}$ 的近似表达式:

$$T_{j,n+1} = (Q_{a-j} + Q_{b-j})\Delta t \bigg/ \left[(\rho c_p)_{节点j}\frac{\Delta r_a + \Delta r_b}{2}\theta\left(r_j - \frac{\Delta r_a - \Delta r_b}{4}\right)\right] + T_{j,n} \tag{2-72}$$

根据能量守恒定律可得:

$$Q_{a-j} + Q_{b-j} = (\rho c_p)_{节点j}\frac{\Delta r_a + \Delta r_b}{2} \cdot \left(r_j + \frac{\Delta r_a - \Delta r_b}{4}\right) \cdot \frac{T_{j,n+1} - T_{j,n}}{\Delta t} \tag{2-73}$$

式中:Q_{a-j}——介质 a 向节点 j 的导热量;

Q_{b-j}——介质 b 向节点 j 的导热量。

综合以上各差分方程,可建立隧道横断面内异步长的显示差分格式。利用差分格式稳定性判据式(2-62)、式(2-67),确定时间步长 Δt,编制程序进行计算,计算流程如图 2-24 所示。

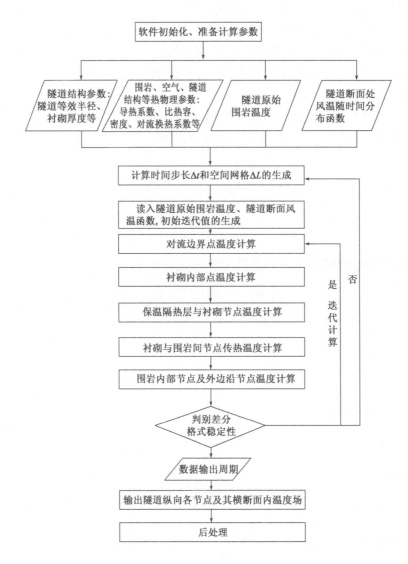

图 2-24　软件计算流程图(二维)

2.3　通风条件下隧道对流—导热耦合作用传热分析

1) 隧道风流纵向稳态传热理论分析

(1) 数学模型

第 2.2 节建立了隧道横断面内的传热模型,该模型中没有考虑风流沿隧道纵向的流动。实际情况中,风流在隧道内流动,与壁面不停进行对流换热,风流温度时刻变化着。隧道内风流的传热如图 2-25 所示。

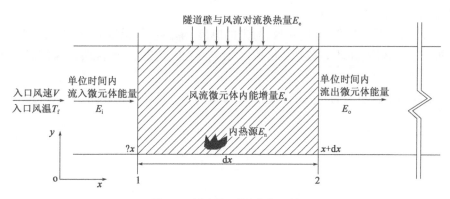

图 2-25 风流微元纵向传热示意图

长度 dx 的风流微元，其能量平衡可表示为：单位时间内流入微元体能量 – 单位时间内流出微元体能量 + 壁面与风流对流换热量 + 单位时间内内热源释放量 = 微元体内能增量。表示成方程为：

$$E_i - E_o + E_e + E_n = \Delta E_a \tag{2-74}$$

由于是隧道纵向风流稳态传热，有 $\dfrac{\partial T}{\partial \tau} = \dfrac{\partial v}{\partial x} = \dfrac{\partial \rho}{\partial x} = 0$，风流的能量微分方程式可以整理成：

$$Ac_p \rho v \frac{dT}{dx} = \alpha U(T_b - T) + q_s \tag{2-75}$$

式中：v——风流速度（m/s）；
  T——隧道内风流温度（℃）；
  T_b——隧道衬砌表面温度（℃）。

根据 3.2 节风流与壁面对流换热项 $\alpha U(T_b - T)$ 等于式（3-17）中的 Q，则式（2-75）可以整理成：

$$Ac_p \rho v \frac{dT}{dx} = \frac{T - T_w}{\dfrac{1}{R} + \dfrac{\ln \dfrac{R_4}{R}}{2\pi\lambda_4} + \dfrac{\ln \dfrac{R_3}{R_4}}{2\pi\lambda_3} + \dfrac{\ln \dfrac{R_2}{R_3}}{2\pi\lambda_2} + \dfrac{\ln \dfrac{R_1}{R_2}}{2\pi\lambda_1}} + q_s \tag{2-76}$$

令 $W = \dfrac{1}{\dfrac{Ac_p \rho v}{2\pi}\left(\dfrac{1}{\alpha R} + \dfrac{1}{\lambda_1}\ln\dfrac{R_1}{R_2} + \dfrac{1}{\lambda_2}\ln\dfrac{R_2}{R_3} + \dfrac{1}{\lambda_3}\ln\dfrac{R_3}{R_4} + \dfrac{1}{\lambda_4}\ln\dfrac{R_4}{R}\right)}$

式（2-76）可以整理成：

$$\frac{dT}{dx} = W(T_w - T) + q_s \tag{2-77}$$

解式（2-77）可得隧道内风流温度随轴向距离的分布函数：

$$T = T_w - \frac{1}{W}e^{-W(x+B)} + \frac{q_s}{WAc_p \rho v} \tag{2-78}$$

式中：B——积分常数；
  x——隧道纵向距离（m）。

（2）隧道纵向风流温度的理论解

在实际情况中，围岩温度、导热系数、衬砌的厚度、隔热层等沿隧道纵向呈区段性变化，沿隧道纵向划分若干区段，并认为在某一区段 i 内，T_{wi} 和 W_i 是定值，此区段内风流温度 T 仅为 x 的函数。

设第 i 区段的围岩温度为 T_{wi}，围岩及风流参数为 W_i，具体分布如图2-26所示。

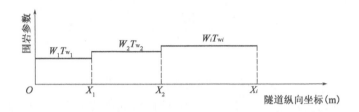

图2-26 围岩温度和相关参数简化示意图

则该区段上的风流温度分布函数为：

$$T_i(x) = T_{wi} - \frac{1}{W_i}e^{-W_i(x+B_i)} + \frac{q_s}{W_i A c_p \rho v} \tag{2-79}$$

式中：i——不同区段的编号。

风流入口段为第1段。当 $x=0$，$T_1(x)$ 等于入口风流温度 T_f，有：

$$T_f = T_{w1} - \frac{1}{W_1}e^{-W_1 B_1} + \frac{q_s}{W_1 A c_p \rho v} \tag{2-80}$$

整理式（2-80）可得常数项：

$$\frac{1}{W_1}e^{-W_1 B_1} = T_{w1} + \frac{q_s}{W_1 A c_p \rho v} - T_f \tag{2-81}$$

将式（2-81）代入式（2-79），可得第一区段风流温度函数：

$$T_1(x) = T_{w1} - \left(T_{w1} - T_f + \frac{q_s}{W_1 A c_p \rho v}\right)e^{-W_1 x} + \frac{q_s}{W_1 A c_p \rho v} \tag{2-82}$$

对于第2区段，其温度初值即为第1段结束时的风流温度值，即 $T_1(x_1) = T_2(x_1)$：

$$T_{w1} - \left(T_{w1} - T_f + \frac{q_s}{W_1 A c_p \rho v}\right)e^{-W_1 x_1} + \frac{q_s}{W_1 A c_p \rho v} = T_{w2} - \frac{1}{W_2}e^{-W_2(x_1+B_2)} + \frac{q_s}{W_2 A c_p \rho v} \tag{2-83}$$

整理式（2-83）可得常数项：

$$\frac{1}{W_2}e^{-W_2 B_2} = \left[T_{w2} + \frac{q_s}{W_2 A c_p \rho v} - T_{w1} + \left(T_{w1} - T_1 + \frac{q_s}{W_1 A c_p \rho v}\right) - \frac{q_s}{W_1 A c_p \rho v}\right]/e^{-W_2 x_1} \tag{2-84}$$

将式（2-84）代入式（2-79）可得第二区段风流温度函数：

$$T_2(x) = T_{w2} - \left(T_{w2} - T_1 + \frac{q_s}{W_2 A c_p \rho v}\right)e^{-W_2(x-x_1)} + \frac{q_s}{W_2 A c_p \rho v} \tag{2-85}$$

由此递推：

$$T_n(x) = T_{wn} - \left(T_{wn} - T_{n-1} + \frac{q_s}{W_n A c_p \rho v}\right)e^{-W_n(x-x_{n-1})} + \frac{q_s}{W_n A c_p \rho v} \tag{2-86}$$

式中：T_n——第 n 区段结束时风流温度($℃$)；

T_{wn}——第 n 区段围岩原温($℃$)；

x_{n-1}、x_n——第 n 区段开始和结束时的坐标(m)；

W_n——第 n 区段围岩及风流传热综合参数。

从以上推导的隧道纵向风流稳态传热理论解可以看出：风流温度是位移 x 的指数函数；风流温度主要受隧道壁与风流间温度差($T_w - T_f$)、传热热阻(隧道横断面内各导热层的导热系数和厚度、对流换热系数、风流流动速度、隧道半径等)影响。

2)基于对流—导热耦合作用的隧道非稳态纵向传热分析

(1)三维非稳态传热控制方程

使用隧道横断面内温度场计算模型，可以计算断面内气流温度明确的情况下隧道结构和围岩温度场随时间的变化。但是高地温及高寒隧道中，除了关注某个断面内的温度场分布外，纵向温度分布将指导高地温隧道的降温对策和高寒隧道的抗防冻范围的确定，所以隧道纵向的温度场研究是必要的。另外，在没有取得隧道内气流温度随时间和纵向空间的分布规律的情况下，要以断面气流温度为边界条件去计算某断面的温度场是十分困难的，同时为了考虑隧道机械通风和活塞风等对温度场的影响，构建以隧道入口风温和洞内风速为边界条件的非稳态传热温度场计算模型是必要的。

隧道纵向非稳态温度场围岩部分的控制方程(柱坐标)：

$$\frac{1}{a}\frac{\partial T}{\partial t} = \frac{\partial^2 T}{\partial r^2} + \frac{1}{r}\frac{\partial T}{\partial r} + \frac{\partial^2 T}{\partial x^2} \quad (r \geq R, t > 0) \quad (2\text{-}87\text{a})$$

边界条件：

$$T(r, x, t) = T_w \quad (r \geq R, t = 0) \quad (2\text{-}87\text{b})$$

$$-\lambda \frac{\partial T}{\partial r} = h(T - T_f) \quad (r = R, t > 0) \quad (2\text{-}87\text{c})$$

将隧道内风流视为无黏性不可压缩的稳定流体，隧道纵向瞬态温度场风流部分的控制方程：

$$\rho A c_p \left(\frac{\partial T_f}{\partial t} + v \frac{\partial T_f}{\partial x} \right) = hU(T_b - T_f) + q_s \quad (t > 0) \quad (2\text{-}88\text{a})$$

边界条件：

$$T_f(x, t) = T_b \quad (t = 0) \quad (2\text{-}88\text{b})$$

上述两组方程与风流状态方程一起便组成了隧道纵向瞬态传热完整的数学描述。

(2)方程离散及差分方程式建立

①空间域的离散

隧道横断面内径向围岩的空间域离散同 3.4 节；隧道纵向围岩与风流两部分的空间域离散是同步的，即具有相同的空间步长 Δx 和时间步长 Δt，Δx 的具体大小还需根据计算工况而定。

②差分方程式的建立

a. 围岩内部节点近似温度表达式推导

围岩内部节点的分布如图 2-27 所示。

用偏微分方程的替代法建立中心有限差分方程，其一阶、二阶偏导数可表示为：

$$\left.\begin{aligned}\frac{\partial T}{\partial r} &= \frac{T_{i,j+1}^n - T_{i,j-1}^n}{2(\Delta r)} \\ \frac{\partial^2 T}{\partial r^2} &= \frac{T_{i,j+1}^n - 2T_{i,j}^n + T_{i,j-1}^n}{(\Delta r)^2} \\ \frac{\partial^2 T}{\partial x^2} &= \frac{T_{i+1,j}^n - 2T_{i,j}^n + T_{i-1,j}^n}{(\Delta x)^2} \\ \frac{\partial T}{\partial \tau} &= \frac{T_{i,j}^{n+1} - T_{i,j}^n}{\Delta t}\end{aligned}\right\} \quad (2\text{-}89)$$

式中：$T_{i,j}^n$——节点 (i,j) 在 n 时刻的温度 (℃)；

　　　Δr——隧道横断面径向距离步长 (m)；

　　　Δx——隧道纵向距离步长 (m)；

　　　Δt——时间步长 (s)。

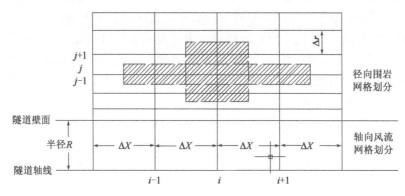

图 2-27　三维非稳态传热围岩内部点的分布

将式 (2-89) 代入式 (2-88a)，可得围岩内部节点的温度 $T_{i,j}^{n+1}$ 的近似表达公式：

$$T_{i,j}^{n+1} = T_{i,j}^n \left[1 - 2F_0 - \frac{2a\Delta t}{(\Delta x)^2}\right] + T_{i,j+1}^n \left[F_0 + \frac{a\Delta t}{2r_j(\Delta r)}\right] + T_{i,j-1}^n \left[F_0 - \frac{a\Delta t}{2r_j(\Delta r)}\right] + \frac{a\Delta t}{(\Delta x)^2}(T_{i+1,j}^n + T_{i-1,j}^n) \quad (2\text{-}90)$$

为使有限差分格式方程稳定，$T_{x,y}^n$ 项的系数不能为负值，时间与空间步长应满足：

$$\Delta t \leqslant \frac{(\Delta x \cdot \Delta r)^2}{2a[(\Delta x)^2 + (\Delta r)^2]} \quad (2\text{-}91)$$

b. 对流边界节点近似温度表达式推导

仅壁面点为对流边界点，结合图 2-27 与图 2-22 有：

节点 $(i,2)$ 通过导热传递给节点 $(i,1)$ 的热量为：

$$Q_{2\text{-}1} = \lambda \frac{T_{i,2}^n - T_{i,1}^n}{\Delta r} \left(R + \frac{\Delta r}{2}\right) \theta \Delta x \quad (2\text{-}92)$$

节点 $(i-1,1)$ 通过导热传递给节点 $(i,1)$ 的热量为：

$$Q_{i\text{-}1\text{-}1} = \lambda \frac{T_{i-1,1}^n - T_{i,1}^n}{\Delta x} \left[\left(R + \frac{\Delta r}{2}\right)^2 - R^2\right]\frac{\theta}{2} \quad (2\text{-}93)$$

节点$(i+1,1)$通过导热传递给节点$(i,1)$的热量为：

$$Q_{i+1-1} = \lambda \frac{T_{i+1,1}^n - T_{i,1}^n}{\Delta x}\left[\left(R+\frac{\Delta r}{2}\right)^2 - R^2\right]\frac{\theta}{2} \quad (2\text{-}94)$$

风流通过对流换热传递给节点 1 的热量为：

$$Q_{f-1} = \alpha(T_{fi}^n - T_{i}^n)R\theta\Delta x \quad (2\text{-}95)$$

根据能量守恒定律，节点 1 单元控制体积吸收的热量等于其增加的内能，建立如下的偏心有限差分方程：

$$Q_{f-1} + Q_{2-1} + Q_{i-1-1} + Q_{i+1-1} = c_p\rho\left[\left(R+\frac{\Delta r}{2}\right)^2 - R^2\right]\frac{\theta}{2}\frac{T_{i,1}^{n+1}-T_{i,1}^n}{\Delta t}\Delta x \quad (2\text{-}96)$$

整理式(2-96)可得对流边界节点 1 的温度 $T_{j,n+1}$ 的近似表达公式：

$$T_{i,1}^{n+1} = 2F_0\left(1+\frac{\Delta r}{4R+\Delta r}\right)T_{i,2}^n + \frac{a\Delta t}{(\Delta x)^2}(T_{i-1,1}^n + T_{i+1,1}^n) + \frac{8\alpha R\Delta t}{c_p\rho\Delta r(4R+\Delta r)}T_{fi}^n +$$

$$\left[1-\left(F_0R+\frac{a\Delta t}{2\Delta r}\right)\frac{8}{4R+\Delta r} - \frac{2a\Delta t}{(\Delta x)^2} - \frac{8\alpha R\Delta t}{c_p\rho\Delta r(4R+\Delta r)}\right]T_{i,1}^n \quad (2\text{-}97)$$

式中：T_{fi}^n——n 时刻 i 节点的风温。

为使有限差分格式方程稳定，$T_{i,1}^n$ 项的系数不能为负值，时间与空间步长应满足：

$$\Delta t \leqslant \frac{4R+\Delta r}{\frac{2a}{(\Delta r)^2}(4R+\Delta r) + \frac{2a}{(\Delta x)^2}(4R+\Delta r) + \frac{2a\Delta r}{(\Delta r)^2} + \frac{8\alpha R}{c_p\rho\Delta r}} \quad (2\text{-}98)$$

c. 围岩内复合材料交接处节点近似温度表达式推导

结合图 2-27 与图 2-23 有：

节点(i,j)所在的单元控制体积内包含了两种介质，对于不稳定态传热问题，必须求出(ρc_p)项的当量值，其值可由下式给出：

$$(\rho c_p)_{i,j} = \frac{u}{u+v}(\rho c_p)_{\text{介质}a} + \frac{v}{u+v}(\rho c_p)_{\text{介质}b} \quad (2\text{-}99)$$

式中：u——单元控制体积中介质 a 的体积，$u = \dfrac{r_j + r_j - \dfrac{\Delta r_a}{2}}{2}\cdot\theta\cdot\dfrac{\Delta r_a}{2}\cdot\Delta x$；

v——单元控制体积中介质 b 的体积，$v = \dfrac{r_j + r_j + \dfrac{\Delta r_b}{2}}{2}\cdot\theta\cdot\dfrac{\Delta r_b}{2}\cdot\Delta x$。

节点$(i,j-1)$向节点(i,j)传热量为：

$$Q_{j-1-j} = \lambda_a \frac{T_{i,j-1}^n - T_{i,j}^n}{\Delta r_a}\left(r_j - \frac{\Delta r_a}{2}\right)\theta\cdot\Delta x \quad (2\text{-}100)$$

节点$(i,j+1)$向节点(i,j)传热量为：

$$Q_{j+1-j} = \lambda_b \frac{T^n_{i,j+1} - T^n_{i,j}}{\Delta r_b}\left(r_j + \frac{\Delta r_b}{2}\right)\theta \cdot \Delta x \tag{2-101}$$

节点$(i-1,j)$向节点(i,j)传热量为：

$$Q_{i-1-i} = \lambda_a \frac{T^n_{i-1,j} - T^n_{i,j}}{\Delta x}\left[r_j^2 - \left(r_j - \frac{\Delta r_a}{2}\right)^2\right]\frac{\theta}{2} +$$

$$\lambda_b \frac{T^n_{i-1,j} - T^n_{i,j}}{\Delta x}\left[\left(r_j + \frac{\Delta r_b}{2}\right)^2 - r_j^2\right]\frac{\theta}{2} \tag{2-102}$$

节点$(i+1,j)$向节点(i,j)传热量为：

$$Q_{i+1-i} = \lambda_a \frac{T^n_{i+1,j} - T^n_{i,j}}{\Delta x}\left[r_j^2 - \left(r_j - \frac{\Delta r_a}{2}\right)^2\right]\frac{\theta}{2} +$$

$$\lambda_b \frac{T^n_{i+1,j} - T^n_{i,j}}{\Delta x}\left[\left(r_j + \frac{\Delta r_b}{2}\right)^2 - r_j^2\right]\frac{\theta}{2} \tag{2-103}$$

则由能量守恒可得：

$$Q_{j-1-j} + Q_{j+1-j} + Q_{i-1-i} + Q_{i+1-i}$$

$$= (\rho c_p)_{i,j}\left[\left(r_j + \frac{\Delta r_b}{2}\right)^2 - \left(r_j - \frac{\Delta r_a}{2}\right)^2\right]\frac{\theta}{2}\frac{T^{n+1}_{i,j} - T^n_{i,j}}{\Delta t} \cdot \Delta x \tag{2-104}$$

整理式(2-104)可得围岩内复合材料交点处节点的温度$T^{n+1}_{i,j}$的近似表达式：

$$T_{j,n+1} = 2(Q_{j-1-j} + Q_{j+1-j} + Q_{i-1-i} + Q_{i+1-i})\Delta t \Big/$$

$$\left\{(\rho c_p)_{i,j}\left[\left(r_j + \frac{\Delta r_b}{2}\right)^2 - \left(r_j - \frac{\Delta r_a}{2}\right)^2\right]\theta \cdot \Delta x\right\} + T^n_{i,j} \tag{2-105}$$

③隧道纵向风流近似温度表达式推导

$$\frac{\partial T_f}{\partial \tau} = \frac{T^{n+1}_{fi} - T^n_{fi}}{\Delta t}, \frac{\partial T_f}{\partial x} = \frac{T^n_{fi+1} - T^n_{fi-1}}{2\Delta x}, T_b - T_f = \frac{T^n_{i,1} + T^{n+1}_{i,1}}{2} - \frac{T^{n+1}_{fi} - T^n_{fi}}{2}$$

将上述等式带入式(2-88a)可得隧道纵向风流近似温度T^{n+1}_{fi}的表达式：

$$T^{n+1}_{fi} = \left[\frac{\alpha U(T^n_{i,1} + T^{n+1}_{i,1})}{2\rho A c_p} + \frac{q_s}{\rho A c_p} - v\frac{T^n_{fi+1} - T^n_{fi-1}}{2\Delta x} + \frac{T^n_{fi}}{\Delta t} - \frac{\alpha U T^n_{fi}}{2\rho A c_p}\right] \Big/ \left(\frac{1}{\Delta t} + \frac{\alpha U}{2\rho A c_p}\right) \tag{2-106}$$

综合以上公式，可建立三维非稳态传热完整的异步长显示差分格式。利用差分格式稳定性判据，确定时间步长Δt与隧道纵向空间步长Δx，编制程序进行计算。

(3)隧道纵向非稳态温度场计算软件编制

基于上述公式，编制有限差分计算软件——"隧道环境温度数值模拟软件-TTCS"，以实现考虑入口风温变化和隧道内风速影响的隧道内温度、衬砌结构和围岩温度的完整计算。TTCS软件的流程图如图2-28所示。

第 2 章 寒区隧道温度场计算方法

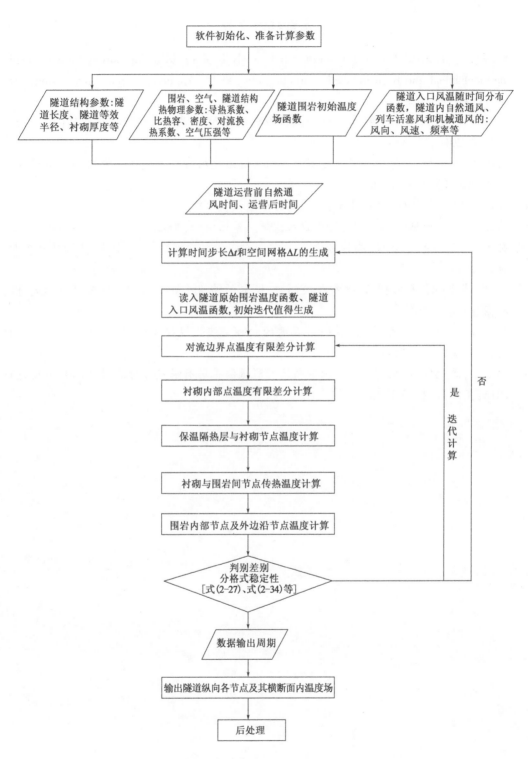

图 2-28　隧道环境温度数值模拟软件 TTCS 计算流程图（三维）

本章参考文献

[1] XH Zhou, YH Zeng, L Fan. Temperature field analysis of a cold-region railway tunnel considering mechanical and train-induced ventilation effects[J]. Applied Thermal Engineering, 2016, 100:114-124.
[2] 周小涵, 曾艳华, 范磊, 等. 寒区隧道温度场的时空演化规律及温控措施研究[J]. 中国铁道科学, 2016, 37(3):46-52.
[3] 周小涵, 曾艳华, 白赟, 等. 基于圆形断面的隧道温度场有限差分计算模型[J]. 隧道建设, 2016, 36(11). 1333-1336.
[4] 许国良. 工程传热学[M]. 北京:中国电力出版社, 2011.
[5] 陶文铨. 数值传热学[M]. 北京:中国人民解放军出版社, 2002.
[6] 孙德兴, 吴荣华, 张承虎. 高等传热学-导热与对流的数理解析[M]. 北京:中国建筑工业出版社, 2014.
[7] 何川, 谢红强. 多场耦合分析在隧道工程中的应用[M]. 成都:西南交通大学出版社, 2015.
[8] 周小涵, 曾艳华, 范磊, 等. 寒区隧道温度场的时空演化规律及温控措施研究[J]. 中国铁道科学, 2016, 37(3):46-52.
[9] 周小涵, 曾艳华, 白赟, 等. 基于圆形断面的隧道温度场有限差分计算模型[J]. 隧道建设, 2016, 36(11). 1333-1336.

第3章 隧道对流—导热耦合作用温度场试验

隧道对流—导热耦合作用的室内模型试验,可以直观地考查隧道内通风作用下温度场的变化规律,同时可对对流—导热耦合作用下隧道温度场计算模型及编制的软件进行验证。

3.1 室内试验模型

1) 试验假设

流体运动相似包括几何相似、时间相似及其他物理量相似。对流换热相似指运动流体与壁面的热交换,是热相似前提下的运动相似。本试验模拟低入口风温对隧道内空气和围岩温度场的影响,要求流速场和温度场分别相似。做以下假设:

(1) 流体不可压缩

在以空气为介质的试验中,当风速小于 0.3 倍马赫数时(25℃时空气的流动速度小于 104m/s),气流压缩性影响可以忽略不计。隧道通风系统中,流体流速除送风出口外,均远小于 30m/s,风机造成的风流静压变化和风流速度的变化对风流压缩性有一定影响,但是不会明显影响试验结果的精度,因此可以不考虑流体压缩性的影响。

(2) 洞内流体为稳定流

流体流动过程中,任何一点的压力和流速不随时间而变化,即压力和流速只是点坐标的函数,这种流动称为稳定流。隧道通风中遇到的风流类型,大部分都属于稳定流或可以简化为稳定流。

(3) 气流、围岩为连续介质

将洞内气流视为连续介质,单位时间内流程各断面通过的流体质量不变,服从连续性定律,密度为常量;对于围岩和衬砌而言,都为独立的各向同性、均匀的连续性介质。

(4) 气流遵循能量守恒定律

不可压缩稳定流体在管道内作渐变流动时,其压力与速度沿流程各断面的变化(包括摩阻损失),服从能量守恒定律(伯努利定理)。

2) 流体运动相似

(1) 均时性准数

$$H_o = \frac{vt}{l} \tag{3-1}$$

式中:H_o——均匀性准数,反应流体流态为恒定流或非恒定流;

t——时间(s);

l——特征长度(m);

v——流体的流速(m/s)。

(2)雷诺准数

$$R_e = \frac{\rho v l}{\mu} \tag{3-2}$$

式中:R_e——雷诺准数,是惯性力和黏性力的相对比值,反映摩擦力对流体流动的影响;

ρ——流体密度(kg/m³);

μ——流体的运动黏性系数(m²/s)。

(3)弗劳德准数

$$F_r = \frac{v^2}{gl} \tag{3-3}$$

式中:F_r——弗劳德准数,是惯性力与重力的相对比值,反应重力对流体流动的影响;

g——重力加速度。

(4)欧拉准数

$$E_u = \frac{\Delta p}{\rho v^2} \tag{3-4}$$

式中:E_u——欧拉准数,是压力差与惯性力的相对比值,反映压强降对流体流动的影响;

Δp——流体研究段上两表面的压力差(N/m²)。

3)热相似

根据相似原理,假设二热体 A、B 相似,可用下式表达:

$$\left.\begin{array}{l}\dfrac{\partial t'}{\partial \tau'} + v'_x \dfrac{\partial t'}{\partial x'} + v'_y \dfrac{\partial t'}{\partial y'} + v'_z \dfrac{\partial t'}{\partial z'} = a'\left(\dfrac{\partial^2 t'}{\partial x'^2} + \dfrac{\partial^2 t'}{\partial y'^2} + \dfrac{\partial^2 t'}{\partial z'^2}\right) \\ \alpha' \Delta t' = -\lambda' \dfrac{\partial t'}{\partial y'}\end{array}\right\} \tag{3-5}$$

$$\left.\begin{array}{l}\dfrac{\partial t''}{\partial \tau''} + v''_x \dfrac{\partial t''}{\partial x''} + v''_y \dfrac{\partial t''}{\partial y''} + v''_z \dfrac{\partial t''}{\partial z''} = a''\left(\dfrac{\partial^2 t''}{\partial x''^2} + \dfrac{\partial^2 t''}{\partial y''^2} + \dfrac{\partial^2 t''}{\partial z''^2}\right) \\ \alpha'' \Delta t'' = -\lambda'' \dfrac{\partial t''}{\partial y''}\end{array}\right\} \tag{3-6}$$

由相似物理量比值相等可得:

$$\left.\begin{array}{l}\dfrac{x''}{x'} = \dfrac{y''}{y'} = \dfrac{z''}{z'} = C_1 \qquad \dfrac{v''_x}{v'_x} = \dfrac{v''_y}{v'_y} = \dfrac{v''_z}{v'_z} = C_v \\ \dfrac{\tau''}{\tau'} = C_\tau, \dfrac{t''}{t'} = C_t, \dfrac{a''}{a'} = C_a, \dfrac{\lambda''}{\lambda'} = C_\lambda, \dfrac{\alpha''}{\alpha'} = C_\alpha\end{array}\right\} \tag{3-7}$$

由式(5-5)~式(5-7)三式得到:

$$\left.\begin{array}{l}\dfrac{C_t}{C_\tau}\dfrac{\partial t'}{\partial \tau'} + \dfrac{C_v C_t}{C_1}\left(v'_x \dfrac{\partial t'}{\partial x'} + v'_y \dfrac{\partial t'}{\partial y'} + v'_z \dfrac{\partial t'}{\partial z'}\right) = \dfrac{C_a C_t}{C_1^2} \cdot a'\left(\dfrac{\partial^2 t'}{\partial x'^2} + \dfrac{\partial^2 t'}{\partial y'^2} + \dfrac{\partial^2 t'}{\partial z'^2}\right) \\ C_\alpha C_t \alpha' \Delta t' = -\dfrac{C_\lambda C_t}{C_1} \cdot \lambda' \dfrac{\partial t'}{\partial y'}\end{array}\right\} \tag{3-8}$$

二体系相似必有：

$$\left.\begin{array}{c}\dfrac{C_t}{C_\tau} = \dfrac{C_a C_t}{C_l^2} = \dfrac{C_v C_t}{C_l} \\ C_\alpha C_t = \dfrac{C_\lambda C_t}{C_l}\end{array}\right\} \quad (3\text{-}9)$$

凡是相似的物理现象，其物理量的场一定可以用一个统一的无量纲量的场来表示，并且描写该现象的同名特征数—准数对应相等。由式(3-7)、式(3-9)可以得到以下各式：

$$\dfrac{a''\tau''}{l''^2} = \dfrac{a'\tau'}{l'^2} \qquad \dfrac{a\tau}{l^2} = F_o \quad (3\text{-}10)$$

$$\dfrac{a''l''}{\lambda''} = \dfrac{a'l'}{\lambda'} \qquad \dfrac{al}{\lambda} = N_u \quad (3\text{-}11)$$

$$\dfrac{v''l''}{a''} = \dfrac{v'l'}{a'} \qquad \dfrac{vl}{a} = P_e \quad (3\text{-}12)$$

$$P_r = \dfrac{v}{a} = \dfrac{\rho c_p v}{\lambda} \quad (3\text{-}13)$$

式中：F_o——傅里叶准数，表示非稳态导热过程进行的程度，傅里叶数越大，热扰动就越容易深入地传播到物体内部，而物体内各点的温度越接近周围介质的温度；

N_u——努赛尔准数，反映了给定流场的换热能力与其能量扩散能力的对比关系，是无量纲的换热系数；

P_e——贝克莱准数，反映了给定流场的热对流能力与其导热的对比关系；

P_r——普朗特准数，反映了流体物理性质对对流传热过程的影响，是动量扩散和热量扩散之比的一个重要指标。

对于两个稳态的对流换热现象，若相似，则有：

(1)换热面几何形状相似。

(2)温度场分布相似。

(3)速度场分布相似。

(4)材料物理性质相似。

4) 模型比尺的确定

(1)相似原理

为研究气流在隧道内的对流换热，需要引入三个基本的相似性准则，分别为几何相似性、运动相似性及热相似性。

①几何相似性

确定一个适当的缩放系数，将原型的线性尺寸缩小到合适的模型尺寸，且适用于模型的每个部分。

②运动相似性

要保证几何上相似的模型与原型运动相似，需要使它们所有对应的流速和加速度的比例系数相同，即引起流体运动的作用力的比率也相同，存在动力相似性。对于不可压缩流体，最普遍的方程式是 Navier-Stokes 方程，它反映了惯性、黏性、压力和浮力对流体的共同作用，因

此要确定动力相似与运动相似的条件,需要将这个公式进行无量纲化处理。Navier-Stokes 如下:

$$\frac{\partial}{\partial x_j}(\rho V_i V_j) = -\frac{\partial p}{\partial x_i} + \frac{\partial}{\partial x_i}(-p\overline{v_i v_j}) + g_i(\rho - \rho_r) \tag{3-14}$$

式中:V_i——x_i 方向上的时平均速度分量;

V_j——x_j 方向上的脉动速度分量;

p——压力;

ρ_r——参考密度;

g_i——重力加速度。

分析可知,Navier-Stokes 这个无量纲公式的解取决于雷诺数 R_e 和阿基米德数 A_r 的值。若要达到运动相似,模型与原型的这两个准则数必须相等,其中阿基米德数为:

$$A_r = \frac{g\beta l \Delta T}{v^2} \tag{3-15}$$

式中:A_r——阿基米德数,代表浮力与惯性力的比;

β——空气热膨胀系数(K^{-1});

ΔT——温差(K)。

③热相似性

当模型中任意两点间的温差与原型中对应温差的比值相等时,热相似性就满足了。这要求在几何相似与运动相似的同时,模型中与原型中传导、对流、辐射这三种热传递方式也完全相同。时平均能量方程如下式:

$$\frac{\partial}{\partial x_j}(\rho v_j T) = \frac{\partial}{\partial x_i}(-\rho \overline{v_i}\,\overline{T'}) \tag{3-16}$$

式中:v_j——j 方向上的时平均速度分量;

v_i——i 方向上的脉动速度分量;

T——流体温度。

通过对时平均能量方程进行无量纲化并整理可知,要实现热相似性,模型与原型的贝克莱准数(P_e)必须相等。

此外要使模型与原型有相似的速度和温度场,还必须使其具有相似的边界条件。只有当模型的边界满足几何相似、运动相似及热相似时,边界条件相似才成立。本试验考虑对流换热为模型内主要的热传导方式,当对流换热在处于主导地位时,模型与原型中的 P_r、R_e 和 A_r 相等。

(2)相似比

当前,各个学科都经常使用偏微分方程组来描述物理现象。因此,从这些最一般形式的方程组出发,通过相似变换法或其他方法可以得到很多相似准则。如果使用所有相似准则来同时处理试验结果,将会对数据工作带来很大的困难,是没有必要的。因此,在应用各种相似准则来进行试验之前,应对这些相似准则加以适当的甄选,保留那些对所研究现象的发展起较大或决定性作用的准则,而舍去那些作用不大的准则。

相似准则的取舍的实质是对微分方程进行简化。因此,在对相似准则取舍之前,应该从物理现象的本质入手,弄清楚这些准则的物理意义。显然,如果从某些特殊情况出发,将一般形式的微分方程进行简化,再从这些简化后的微分方程导出相似准则,就不必再进行特别筛选。

不可压缩流体在管内强迫流动时,重力作用的影响较之压力作用的影响要小很多。因此,弗劳德准则 F_r 可以略去,而运动方程简化后只包含压差、黏性力和惯性力三项,所以对于这类流动,只能推导出 E_u 和 R_e 两个相似准则。由于反映压力相似的欧拉准则 E_u 是运动相似的必然结果,只是一个非定型准则,故表示内摩擦力相似关系的雷诺准则是气流相似的唯一定性准则。尼古拉兹试验结果表明,黏性流体具有自模型,当雷诺数 R_e 大到一定程度时,原型雷诺数 R_e 处于自模区以内,阻力相似并不要求雷诺数 R_e 相等,因此在几何相似的前提下,使模型流进入阻力平方区,是原型流与模型流动相似的唯一条件。隧道内通风属于强制对流,一般均已到达阻力平方区,故可不考虑雷诺准则。

在建立物理模型时,保证模型与原型在尺寸比例上是相似的,则几何相似的要求得到满足。通过准确缩放包括表面粗糙度在内的流动边界(如送风口和排风口),保证模型和原型的边界处流型和湍流程度相似,从而实现运动相似。此外模型与原型还需要满足热相似。要实现热相似性,模型与原型的贝克莱数 P_e 必须相等。对于两种不同的流体,即使其他的模型参数得到满足,也很难保证 P_r 值相等,空气与圆管之间进行对流换热时,由于表征流体热物理性质的普朗特数 P_r 的值几乎不变,可不作为准则方程。因此,在此模型试验中,我们仍然选用空气作为介质。对于模型与原型中空气流动的相似性而言,R_e 的影响要小于 A_r 的影响。流场的相似性主要由阿基米德数 A_r 决定,即如果保持 A_r 恒定 $(A_r)_m = (A_r)_p$,模型与原型可以实现动量与热量的相似,根据 A_r 的定义式有:

$$\left(\frac{gl_o \Delta T_o}{T_o V_o^2}\right)_m = \left(\frac{gl_o \Delta T_o}{T_o V_o^2}\right)_p \tag{3-17}$$

整理可得:

$$C_l = \left(\frac{V_{op}}{V_{om}}\right)^2 \cdot \frac{T_{op}}{T_{om}} \cdot \frac{\Delta T_{om}}{\Delta T_{op}} \tag{3-18}$$

式中: C_l——模型比尺;
V_{op}、V_{om}——原型与模型的参考速度(m/s),如送风速度;
T_{op}、T_{om}——原型与模型的参考温度(K),如隧道内温度;
ΔT_{op}、ΔT_{om}——原型与模型的温差(℃),如送风温度与隧道内温度之差。

为方便室内试验研究,便于将试验结果与原型对比,一般将温度比尺取为1,即 $T_p = T_m$,本试验取 $T_{op} = T_{om}$,$\Delta T_{op} = \Delta T_{om}$ 则 $C_l = \left(\frac{V_{op}}{V_{om}}\right)^2 = C_v^2$,$C_v = \sqrt{C_l} = \sqrt{30} = 5.48$。再由傅里叶准则 $F_o = \frac{a\tau}{l^2}$,可得:$C_\tau = \frac{C_l^2}{C_a} = C_l^2 = 900$。

在确定了试验模型的长度比尺、送风速度比尺及温度比尺之后,便可以得到该模型的其他比尺,试验所采用的模型比尺如表3-1所示。

模型比尺汇总表 表 3-1

名　称	符号	数值	依　据	备　注
长度比尺	C_l	30	综合因素	考虑场地和材料
流速比尺	C_v	$\sqrt{30}$	$C_v = \sqrt{C_l}$	阿基米德准则
时间比尺	C_τ	900	$C_\tau = \dfrac{C_l^2}{C_a}$	傅里叶准则
密度比尺	C_ρ	1	—	同种流体(空气)，未考虑气体压缩
黏度比尺	C_ν	1	—	
压力比尺	C_p	30	$C_p = C_\rho C_v^2$	未考虑气体压缩
导热系数比尺	C_λ	1	—	同种材料
比热比尺	C_{c_p}	1	—	
热扩散率比尺	C_a	1	$C_a = C_v$	—
对流换热系数比尺	C_h	$\dfrac{1}{30}$	$C_\alpha = \dfrac{C_\lambda}{C_l}$	努塞尔准则
温度比尺	C_T	1	$T_p = T_m$	—

3.2　寒区隧道温度场试验

1) 试验平台

(1) 隧道模型结构

本试验模型隧道断面尺寸采用按长度比尺 1:30 缩小的某铁路隧道断面尺寸,隧道模型的长度取 8m,在入口设轴流风机。在横向宽度 3m 围岩范围的两侧砌筑砖墙,待结构稳定后,在下层填土并压实,土质均一,同时将模型隧道和温度传感器安装至相应位置后填土压实,模型隧道断面尺寸如图 3-1 所示。

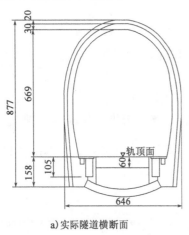
a) 实际隧道横断面

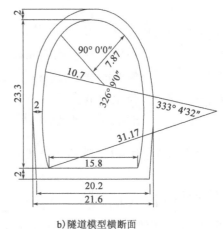
b) 隧道模型横断面

图 3-1　隧道横断面图(尺寸单位:cm)

模型隧道结构采用石膏加单层钢筋网制作,如图 3-2 所示,查询相关资料,隧道模型结构尺寸以及材料参数见表 3-2。试验平台横断面尺寸如图 3-3 所示。

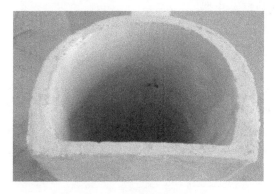

图 3-2 模型隧道实物图

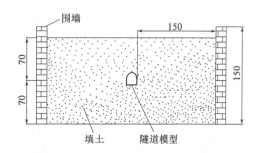

图 3-3 寒区隧道试验平台横断面(尺寸单位:cm)

模 型 隧 道 参 数　　　　　　　　表 3-2

名　　称	衬砌厚度 (cm)	密度 (kg/m³)	导热系数 [W/(m·K)]	比热容 [kJ/(kg·K)]
模型隧道参数	2	900	0.46	1.1

(2)制冷系统

为了制造隧道入口的低温风流,制冷系统采用两台大功率冰柜制冷,使用大量冰块持续对压入冰柜的空气进行降温,再利用风机将降温过后的气流输送到模型隧道内,输风管用石棉包裹。隧道入口风流冷却系统实景如图 3-4 所示。

(3)数据采集系统

①热电偶

热电偶的本质是一种能量转换器,它将热能转换为电能,用所产生的热电势测量温度。本试验采用 K 型(镍铬—镍硅)热电偶(图 3-5),K 型热电偶是抗氧化性较强的贱金属热电偶,抗氧化性强,测量精度高,线性度好,稳定性和均匀性较好。

图 3-4 隧道入口风流冷却系统实景

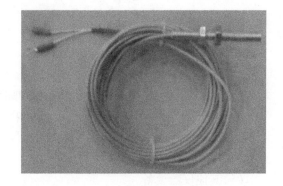

图 3-5 K 型热电偶

②数据采集器

隧道温度场模型试验是在模拟一个动态过程,模型隧道内的风速、风温都是随时间变化的参数,这就要求数据采集器(图3-6)具备实时采集、自动存储、即时显示、及时反馈、自动处理和自动传输等功能,为现场数据的真实性、有效性、实时性和可用性提供保证。根据上述要求,采用了采集速度快、精度性高、损耗低的实时有线数据采集器。

系统硬件:每个温度数据采集器的测点与温度采集模块及输出端连接,集成了运算放大器、A/D 转换器、单片机。将数据采集模块通过有线数据传输连接到计算机上。

系统软件:数据采集系统中 K 型热电偶将采集到的温度值转换成对应的模拟电压(mV 级)输出,再通过运算放大,经 A/D 数模转换器转换成单片机能够处理的二进制代码,交单片机处理,然后单片机将温度输出端口输出的数字量经网络发送至上位机(PC),经温度计算程序换算成对应的温度值(图3-7)。

图3-6 数据采集器

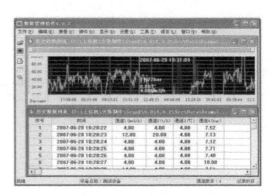

图3-7 数据采集软件界面

(4)传感器布置

隧道内纵向方向每隔1m布置一个测点,将温度传感器固定在钢丝上,将钢丝穿过隧道并设置在隧道净空内中心水平位置。隧道围岩内共布置8组测点,每组包括6个测试位置。测点具体布置位置见图3-8和图3-9,并将传感器编号与数据采集器通道号相对应。

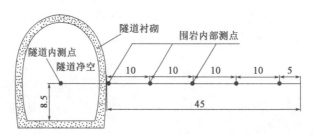

图3-8 测点布置横断面示意图(尺寸单位:cm)

由于布置传感器之后需要继续填土,很容易破坏传感器预定的铺设位置,所以定制了适用于本试验的传感器探头,将传感器探头用螺母固定在细木条上,将细木条固定在已经压实的填土上之后再继续填土,具体操作见图3-10。

(5)其他仪器设备

①轴流风机

本试验研究风流与围岩间对流—导热耦合作用,隧道横断面较小,选用 FA150 型轴流风机(图3-11),风机参数见表3-3。

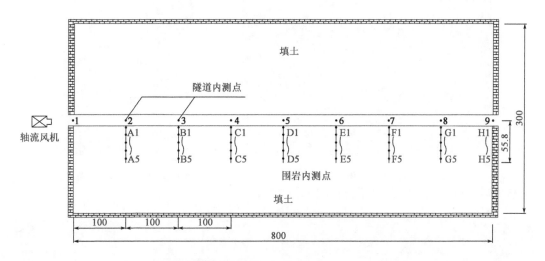

图3-9 测点布置平面示意图(尺寸单位:cm)

图3-10 温度传感器安装

风机参数 表3-3

型 号	电压(V)	功率(W)	转速(r/min)	风量(m³/h)
FA150	220	40	2800	600

②风速仪

试验风速测定采用泰克曼风速风温仪(TD8901)(图3-12),具体有实时性、精度高等特点,其具体参数见表3-4。

风速仪参数 表3-4

型 号	风速范围(m/s)	精 度	风温范围(℃)	风温精度(℃)
TD8901	0.3~45	±1.5%	0~45	±1

71

图 3-11　FA150 型轴流风机　　　　　图 3-12　TD8901 风速风温仪

建成后的隧道温度场试验平台如图 3-13 所示。

a)试验平台洞口实景图　　　　　　　　b)试验平台侧面展示图

图 3-13　试验平台实景图

③气流温度测试仪

隧道内气流温度采用德图 174T 温度记录仪,具有自动记录温度、精度高的特点。

2)隧道温度场试验

对于寒区隧道,在洞口周期性风温的作用下,衬砌和气流的对流换热方向发生周期性变化。在寒冷季节,通常热量由围岩部分传向洞内空气;在炎热季节,通常热量由洞内空气传向围岩部分。本次试验考虑使用制冷系统构建低温入口风温,研究低温气流与高温围岩的对流换热过程,鉴于试验场地气温条件和试验设备的限制,试验入口风温的周期性不明显。

根据热电偶测得数据,试验隧道围岩初始岩温在 28.2℃左右;根据 TD8901 风速风温仪测得试验期间模型洞内平均风速为 1.1m/s 且较稳定;根据实时监测得到的试验模型入口风温数据见图 3-14。入口风温监测点位于洞口内 10cm 左右处,由于制冷系统突然向洞内输送冷空气,所以试验初期隧道入口风温急剧下降,到 30min 左右以后达到最低入口风温,之后随着制冷系统输入气流温度的变化而变化。

(1)隧道横断面温度场分析

隧道横断面内,围岩温度场沿径向变化且随时间变化。随着时间的推移,受气流温度影响的围岩厚度(调热圈)是变化的。

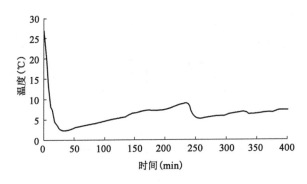

图 3-14　入口风温曲线

取断面5(图3-9)进行隧道横断面非稳态传热分析,其初始温度为28.2℃。分析数据得到了断面5不同节点温度随时间变化曲线(图3-15),其中的径向距离为距衬砌背后点的距离。

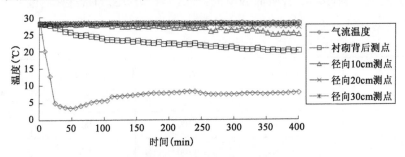

图 3-15　断面 5 内各测点温度随时间变化曲线

由图3-15可以得出试验模型围岩的温度场变化具有以下规律:

①通过对不同径向距离的测点温度变化规律的比较可知,衬砌背后测点和径向10cm测点的温度变化很大,具有和洞内气流温度同样的变化趋势,但是在时间上有滞后;径向20cm及以后的测点,其温度变化很小;径向40cm测点的温度几乎没有变化。

②在通风初期,围岩温度变化很剧烈,而随时间增加其变化速率越来越缓慢。这是因为在通风初期,衬砌壁面与气流温差较大,单位时间内壁面向气流传递的热量多,带动了附近围岩迅速释放能量而使温度迅速降低。随时间推移,衬砌壁面与气流间温差减小,使得单位时间内向气流传递的热量降低,围岩的温度变化随之减缓。

其他温度测试断面也有相同的规律,在此不再赘述。

(2)隧道内纵向温度场分析

气流沿试验模型隧道纵向流动,与衬砌之间不断进行着对流换热,衬砌和围岩内部存在导热过程,气流本身也进行换热过程。上述一系列过程导致气流、衬砌及围岩的温度不断随时间变化。试验模型隧道内各节点气流温度随时间变化的曲线见图3-16。

由图3-16可以得到隧道内气流纵向温度变化规律:

①通风初期,隧道内气流温度迅速下降,随着时间增加,温度下降速度变缓。

②隧道内各节点温度随入口风温波动而波动,其波动较入口风温具有滞后性。1号测点温度和入口风流温度有相似的变化规律。从1号测点到8号测点,温度有上升的趋势,除了对流换热的时间滞后性,主要由于其受到洞口周围环境温度的影响显著。

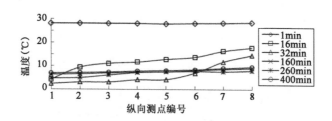

图 3-16　模型试验隧道内纵向气流温度曲线

3) 试验与数值计算对比

(1) 参数选取

原型隧道结构由衬砌和围岩两部分组成，等效半径 $R=3.11\mathrm{m}$，衬砌、围岩及气流的参数见表 3-5。

隧道结构材料参数　　　　　　　　　　　　表 3-5

介质材料	厚度 (m)	密度 (kg/m³)	恒压比热容 [J/(kg·℃)]	导热系数 [W/(m·℃)]
衬砌	0.6	1100	900	0.46
围岩	—	1700	840	0.5
空气	—	1.2	1005	—

值得注意的是，当用数值计算温度与模型试验温度进行对比时，由于材料和加工精度等原因，需要对试验中的对流换热系数做一个测定。

在矿井巷道对流换热系数的相关研究得到了近似计算公式：

$$\alpha_{12} = \frac{v\rho[C_{pa} + C_{pv}(m_{f1} + m_{f2})/2](T_{f2} - T_{f1})}{UL_{12}(T_{wm12} - T_{fm12})} \quad (3-19)$$

式中：C_{pa}——空气的定压比热[kJ/(kg·℃)]；

　　　C_{pv}——水蒸气的定压比热[kJ/(kg·℃)]；

　　　m_{f1}——风流测试断面 1 含湿量(g/kg)；

　　　m_{f2}——风流测试断面 2 含湿量(g/kg)；

　　　L_{12}——隧道两测试断面间长度(m)；

　　　T_{wm12}——隧道平均壁面温度(℃)；

　　　T_{fm12}——隧道平均风流温度(℃)。

由式(3-19)可知，要计算对流换热系数，需要对两断面气流湿球温度进行测试，并带入公式进行计算。所以，在试验模型节点 6 断面和节点 8 断面分别安置了 1 台 RC-4HC 型温湿度记录仪进行测量(图 3-17)并分别使用红外线温度计测试衬砌表面温度。

试验对流换热计算数据见表 3-6。

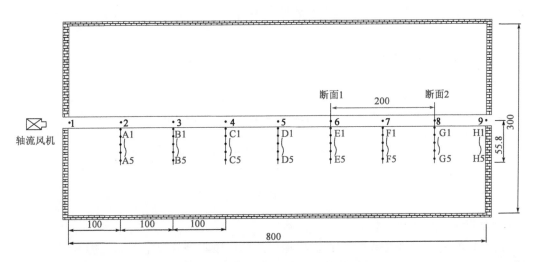

图 3-17 湿球温度测试断面 1 和断面 2 分布图(尺寸单位:cm)

对流换热系数计算数据 表 3-6

项目	符号	值	项目	符号	值
隧道长度(m)	L_{12}	8.00	断面1风流湿球温度(℃)	T_{s1}	5.35
隧道断面周长(m)	U	0.70	断面2风流湿球温度(℃)	T_{s2}	5.85
隧道平均风速(m/s)	v	1.10	大气压力(Pa)	P	96392.00
气流密度(kg/m³)	ρ	1.11	断面1饱和水蒸气压力(Pa)	P_{s1}	2789.89
断面面积(m²)	S	0.04	断面1饱和含湿量(g/kg)	m_{s1}	18.54
水蒸气的定压比热[kJ/(kg·℃)]	C_{pv}	1.95	断面2饱和水蒸气压力(Pa)	P_{s2}	2861.61
断面1含湿量(g/kg)	m_{f1}	5.15	断面2饱和含湿量(g/kg)	m_{s2}	19.03
断面2含湿量(g/kg)	m_{f2}	5.44	隧道平均风流温度(℃)	T_{fm12}	7.15
断面1风流的温度(℃)	T_{f1}	7.00	隧道平均壁面温度(℃)	T_{wm12}	7.50
断面2风流的温度(℃)	T_{f2}	7.30	空气定压比热[J/(kg·℃)]	C_{pa}	1007.00

最终求得试验模型壁面对流换热系数为 7.22J/(m²·s·℃)。

对实时监测的入口风温数据(图 3-14)进行拟合,得到本工况的拟合入口风温,其拟合公式见式(3-20),其中 t 的单位是分钟,由于入口风温的随机性,导致拟合公式较复杂。数值计算拟合入口风温和试验监测入口风温对比如图 5-18 所示。

$$T_f = 5e^{-13}t^6 - 7e^{-10}t^5 + 4e^{-7}t^4 - 0.0001t^3 + 0.0153t^2 - 0.9206t + 21.02 \quad (3\text{-}20)$$

由图 3-18 所示,数值计算拟合入口风温在初段比试验监测入口风温低 5℃左右,之后差距逐渐减小。这直接导致了在初始阶段,计算值和试验值存在一定差异。

使用隧道温度计算软件 TTCS,参照表 3-1 的比尺取值进行数值计算,然后分别对隧道横断面温度场及隧道纵向温度场的试验结果和 TTCS 数值模拟结果进行对比。其中原始岩温取为 28.2℃，围岩、衬砌和气流的热物理参数见表3-5。

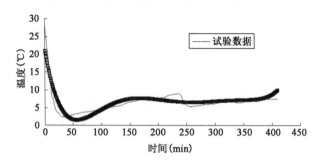

图 3-18　数值计算拟合入口风温

（2）横断面温度对比分析

分析可知，由于隔热效果有限，试验模型风流出口段收到外界空气温度影响，外界热空气对降温后的洞内空气和围岩有加热效应，导致隧道风流出口段温度有上升趋势。这一趋势在断面7、断面8和断面9较为显著。

选取测点断面2、断面5及断面8，将模拟数据与试验实测数据进行对比，结果如图3-19~图3-21所示。

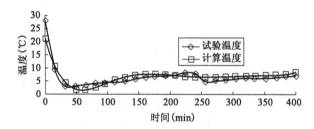

图 3-19　断面2风流温度变化对比图

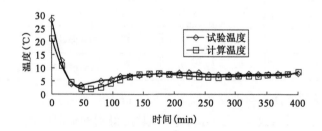

图 3-20　断面5风流温度变化对比图

针对测试断面5中衬砌背后测点，将模拟数据与试验实测数据进行对比，如图3-22所示。

由图3-19~图3-21可知，对于隧道内风流温度，对比有限差分软件计算结果和模型试验的结果，除了初始阶段拟合风温带来的差异，其他数据所描绘的曲线趋势相同，吻合度好。由于接近出洞口，断面8受实验室环境温度影响较大，数值计算中使用的是理想壁面，并未考虑风流沿隧道纵向由于摩阻而损失的能量，故计算值和试验值有差异。

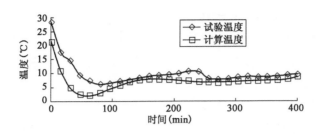

图 3-21　断面 8 风流温度变化对比图

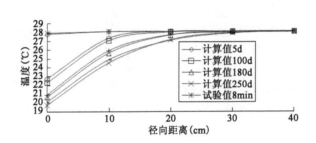

图 3-22　围岩各测点温度对比图（测试断面 5）

曲线中的试验数据波动较大,这是因为:在试验中,由于制冷系统的不稳定性,风流温度并不严格按照函数变化且会有突变;另外,试验中人员的操作、仪器的精度等都会给试验值带来误差。而数值计算结果保持了拟合入口风温的规律性。

由图 3-22 可知,对于断面 5 的隧道围岩温度,对比有限差分软件计算结果和模型试验的结果,其数据所描绘的各曲线趋势相同,吻合度好。通风初期,围岩温度下降剧烈,随时间增加下降的速率变小;测点温度振幅,随径向距离增大而减小,随时间增加而下降;沿径向,围岩内各节点的温度变化规律有时间上的滞后。

(3)纵向温度对比分析

比较室内试验和数值计算中隧道纵向温度场的变化规律,气流温度和衬砌测点温度随纵向的变化规律如图 3-23 和图 3-24 所示。由上节的试验数据分析可知,隧道出口段的测点受外界温度影响较大,所以此处选取测点 2~测点 5 进行研究。

分析图 3-23 和图 3-24 可知:

①比较隧道温度场计算软件 TTCS 计算得到的隧道内纵向温度与模型试验测得的隧道内纵向温度,两者在每个时刻的平均值相差较小,吻合度好。

②室内试验中纵向温度有从入口到出口温度上升的趋势,主要是由于试验平台出口端边界受外界气温换热影响所致。数值计算结果纵向温度上升趋势不明显,这是因为计算软件不能完全反映试验中的实际边界条件(主要是出口边界风温条件);另外,试验平台隧道原型长度仅 240m,在数值计算中,洞内风流温度对入口风温的响应迅速,若加长隧道长度,则从隧道入口到隧道出口方向的风流温度有明显的上升趋势。

③隧道内各节点温度随入口风温波动而波动,其波动具有滞后性。

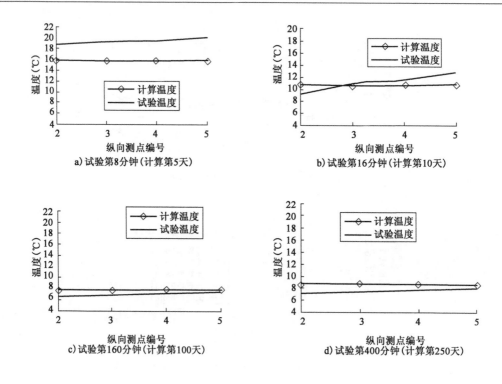

图3-23 隧道内纵向风流温度分布对比

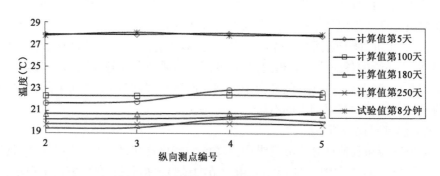

图3-24 衬砌背后测点温度纵向分布对比

3.3 寒区铁路隧道温度实测

现场调研和测试是分析事物客观规律和检验计算模型的科学手段。通过对东北牡绥线改造工程绥阳隧道的温度场测试及气候条件等的调查研究,分析实际隧道的温度场分布规律,与TTCS隧道温度场计算软件的计算结果进行对比,对TTCS的可靠性进行验证。除了少数圆形隧道外,大部分公路和铁路隧道断面采用的是马蹄形或者端墙式等形状,在第3章温度场对流—导热计算模型中,假设隧道断面为圆形断面,其适应性也将在本节通过现场温度测试进行验证。

1) 隧道概况

牡绥线改造工程绥阳隧道位于黑龙江省东宁市与绥芬河市交界处,隧道区为低山丘陵区,属老爷岭山系,山势起伏,冲沟发育,绝对高程在 344.6~587.1m。

隧道区域植被茂密,以自然生长的柞木丛林为主,隧道进口位于东宁市绥阳镇东北侧木材厂附近,进口处缓坡地形较为平坦,被辟为耕地,进口里程 DK491+549;隧道出口位于绥芬河市红花岭西侧,出口处山坡较陡,出口里程 DK497+719,隧道全长 6170m。

隧道围岩地层主要包括:
(1)第四系全新统坡洪积层:黏土,粉质黏土,粗、细圆砾土,卵石土。
(2)侏罗系下中统天桥岭组,流纹斑岩:灰紫色、黄褐色、褐灰色、灰白色,斑状结构,流纹构造,全~弱风化,节理裂隙很发育~较发育,大里程及出口段落存在严重的差异风化现象。
(3)石炭系中统—二叠系下统双桥子组,变质安山玢岩:青灰色、灰绿色、黄褐色,变余结构,块状构造,全~弱风化,节理裂隙发育~较发育钻探揭示厚度 10.0~124.0m。

隧道区主要受北东、北北东和北西向三组节理影响,岩石被切割成碎块石状,所受主应力方向为北东向。隧道区主要河流为小绥芬河,为"U"形河谷,流量受降水量影响极为明显,雨季集中,降水后水流量很大,少雨期河内水流量较小,主要受大气降水和两侧山坡第四系松散堆积层赋存的孔隙潜水及风化基岩裂隙水径流补给,小绥芬河距隧道线位最近约 450m。有一条小溪沿断层 Fsy1 方向流动,跨越隧道中部浅埋段落,水量不大。隧道区第四系松散堆积层厚度不大,仅赋存少量上层滞水,不是主要含水层,沿线地下水类型主要为基岩裂隙水、构造裂隙水。

2) 温度测试方案

于 2015 年 1 月对东北牡绥线铁路改造工程在建长度 6170m 的绥阳隧道进行了温度实测,该隧道于 2013 年 9 月贯通。

根据隧道长度在绥阳隧道设置了 13 个测试断面,如图 3-25 所示。隧道二次衬砌表面温度测试点由拱顶到轨道面依次分布,如图 3-26 所示。使用红外线测温仪 GM1150 对隧道断面二次衬砌表面的 4 个测点进行温度实测和记录分析。使用机械风表对贯通后隧道内气流风速和风向进行测试并记录,测试结果表明,绥阳隧道内的平均自然风速为 3.8m/s 左右,风向都是自小里程端吹向大里程端。温度实测数据用于和数值计算模型结果进行对比。

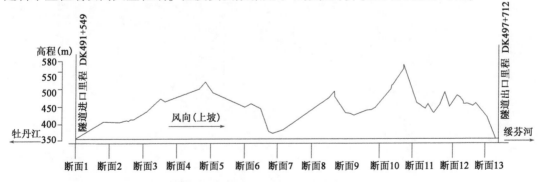

图 3-25　绥阳隧道温度测试断面随纵向分布示意图

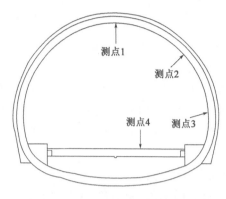

图 3-26　隧道温度测试横断面内测点分布图

3）实测温度与数值计算温度的对比

绥阳隧道横断面净空面积约为 94m²，横断面周长约为 37.5m，取其等效水力半径为 2.5m，即当量直径为 10m。对绥阳隧道小里程端洞口地区从隧道贯通到温度实测期间的气温进行统计分析，得出隧道入口风温 T_f(℃) 随时间 i(天) 的关系，如下式所示：

$$T_f = 2.5 + 18.5\sin\left(\frac{2 \times 3.1415i}{365}\right) \quad (3-21)$$

使用 T_f 作为隧道进口风温边界条件进行计算，计算风速取隧道内实测平均风速 3.8m/s，方向由小里程吹向大里程。隧道原始岩温按照地勘报告埋深和地温梯度 3.0℃/100m 选取，其计算原始地温和工程地质报告中的钻孔地温吻合较好。对流换热系数取 21W/(m²·℃)，围岩导热系数的受控因素包括地层岩性、孔隙率、含水率、温度以及各向异性。由于缺少相关实验参数，不考虑温度等对导热系数的影响及相变问题。材料计算参数见表 3-7。

介 质 材 料 参 数　　表3-7

介质材料	厚度(m)	密度(kg/m³)	恒压比热容[J/(kg·℃)]	导热系数[W/(m·℃)]
围岩	—	2400	850	2.5
初期支护	0.25	2500	1046	1.74
二次衬砌	0.35	2500	1046	1.74
空气	—	1.2	1005	—

应用 4.2 节的有限差分软件，利用与时间相关的隧道入口风温函数为计算条件，计算得出绥阳隧道由 2013 年 9 月贯通至 2015 年 1 月期间的隧道衬砌表面温度场。将绥阳隧道 2015 年 1 月 7~13 日各衬砌表面测点实测温度平均值和有限差分软件计算结果中相应时段的衬砌表面平均温度进行比较分析，如图 3-27 所示。

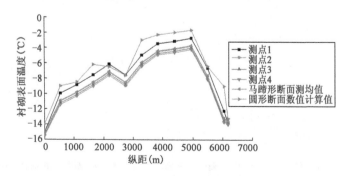

图 3-27　绥阳隧道衬砌表面温度实测值和圆形断面模型计算值

通过现场温度测试数据可以看出,隧道拱顶二次衬砌表面温度最高而轨面测点温度最低。从拱顶到轨面,4个测点温度逐渐降低。各测点温度平均值与测点2及测点3的温度接近,测点平均温度比拱顶测点温度低0.7℃左右,比轨面测点温度高0.4℃左右。

对比有限差分软件计算结果和实测温度可知,两者随隧道纵向分布趋势一致且差值较小。隧道出入口段计算温度和实测温度有较大差异,主要因为洞口处围岩受外界大气影响显著,而该因素在数值计算中考虑不足以及计算中没考虑相变所致。在洞身段,数值计算衬砌平均温度高于实际测点平均温度约1.9℃,满足工程使用要求。

4) 入口风温和风速对温度场的影响

利用绥阳隧道模型,基于有限差分计算软件,在此对本文重点关注的隧道入口风温和隧道内风速对隧道温度场的影响展开研究。

为了便于对比风温的影响,首先保持隧道内风速3.8m/s不变,隧道入口风温采用−20℃、−10℃、0℃、10℃和20℃共5个恒定值;然后保持入口风温−20℃不变,隧道内风速分别采用1m/s、2m/s、3m/s、4m/s和5m/s共5个恒定值并选取相应的对流换热系数。选择隧道横断面DK493+529的计算结果中进行分析。不同风温和风速条件下隧道二次衬砌表面温度如图3-28和图3-29所示。

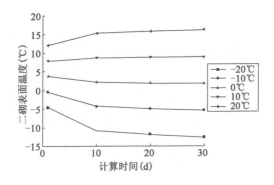

图3-28　不同风流温度时绥阳隧道衬砌表面温度(DK493+529)

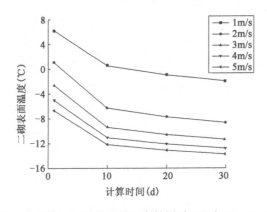

图3-29　不同洞内风速条件下绥阳隧道衬砌表面温度(DK493+529)

从图 3-28 可知,隧道入口风温对隧道衬砌温度影响很大。本例中,计算 30 天时,风流温度每升高 10℃,二次衬砌表面温度升高 7.2℃左右,增幅均匀。

从图 3-29 可知,隧道洞内风速对隧道衬砌温度影响很大。当有较低风温对隧道进行降温作用时,随着风速的增大,二次衬砌表面温度越来越低,但是其降低的幅度越来越小。计算 30 天时,从 1m/s 到 5m/s,每增大 1m/s,二次衬砌表面温度降低的幅度为 6.6℃、2.7℃、1.5℃和 0.9℃。

本章参考文献

[1] YH Zeng, KL Liu, XH Zhou, L Fan. Tunnel temperature fields analysis under the couple effect of convection-conduction in cold regions [J]. Applied Thermal Engineering, 2017, 120: 378-392.

第4章 寒区隧道温度场的影响特征分析

4.1 隧道温度场的影响因素及其敏感度研究

国内外关于隧道温度场计算方法有了很多研究,然而,虽然某些文章中有对单个计算参数的定性研究,但是对隧道温度场计算模型的各个参数的全局敏感度还没有进行过系统的研究。

本节以寒区铁路隧道为例,利用隧道温度场非稳态有限差分计算软件,计算考虑洞口风温、洞内风速、隧道埋深、隧道断面大小等因素的隧道温度场。以隧道衬砌平均温度、某横断面衬砌温度和隧道入口端纵向冻结长度为指标,采用基于正交试验的全局敏感度分析法,着重研究影响温度场的各个因素包括入口风温、洞内风向、洞内风速、隧道断面大小、隧道埋深、围岩导热系数、围岩比热容、围岩密度等的全局敏感度。通过分析和对各影响因素的敏感度排序,提出影响寒区隧道抗防冻设计的主要影响因素,为寒区铁路隧道的抗冻设计和研究提供指导。

1) 影响因素分析

对寒区隧道温度场影响因素的全局敏感度研究,主要目的在于寻求对防寒抗冻影响较大的因素,以便在抗防冻设计中予以必要的重视。

(1) 隧道入口风温

隧道入口风温属于自然气候条件因素,与隧道海拔、地形等相关。相关研究发现,隧道洞口的地形地貌对隧址小气候的形成有重要影响。寒区隧道工程中常用的与气温有关的参数有年平均气温、最冷月平均气温、历年最低气温、随时间变化的周期性风温等。由于历年最低气温几十年,甚至上百年才出现一次,且持续时间不长,在抗防冻设计中较少采用。而随时间变化的周期性入口风温和历年最冷月平均气温与最大冻结深度关联性更好,故较多被地用于计算和分析中。

(2) 隧道内风向和风速

隧道内通风主要分为自然风、机械风和列车活塞风等,其产生的机理不同,而控制因素各异。

通常用于温度场计算的自然风指的是洞内等效自然风,它与洞口处外界的大气自然风有所区别,是外界风流进入洞室后形成的等效风。等效自然风与隧道洞口的海拔、地形地貌等相关,具体来讲与两个洞口的热位差、气压差等直接相关,同时还与外界自然风流入时与洞身间的夹角有关。通常建议进行现场测试,以确定洞内风速更为准确。

列车活塞风由列车行驶产生,机械通风是由通风机械产生,列车活塞风受诸多因素影响,机械通风则人为可控,活塞风和机械风综合作用对隧道温度场的影响更值得研究。

(3) 对流换热系数

这里的对流换热系数指洞内气流与衬砌表面的热交换速率,与流体速度、界面粗糙度等众多因素有关。对流是流体的运动所产生的热量和质量的输运过程,由于外力的作用所产生的对流叫作强制对流,由于流体本身分子运动引起的对流叫作自然对流。由于贯通后隧道内的大都存在一定速度的气流运动,所以气流与衬砌结构之间的对流多属于强制对流。在隧道中,通常认为对流换热过程由强制对流换热系数和混凝土表面热辐射系数共同决定,根据混凝土表面的对流换热系数测定试验结论,混凝土表面的换热系数取值为:

$$\alpha = 3.06v + 0.035\Delta t + 9.55 \tag{4-1}$$

式中:v——对流速度(m/s);

Δt——混凝土临空面与气流间温差(℃)。

由式(4-1)可知,混凝土表面的对流换热系数和流体速度基本呈线性关系,主要受风速影响,也与临界面粗糙度、风流吹掠方向等因素有关。

(4) 围岩、衬砌等的热物理参数

围岩导热系数、围岩比热容和密度等热物理参数与围岩岩土类别等相关,与隧道选线时通过地层相关,除了局部注浆加固等工程措施改变其参数外,在其他情况下不易控制。相关研究发现,隧道围岩含水率、渗流系数、温度等对围岩传热速率等有较大影响。在寒区隧道中,在重点防冻段应选择抗冻融性能强的混凝土等材料,其热物理参数如导热系数和比热容等也会对隧道温度差产生影响。相对围岩,衬砌厚度较小,所以本章不考察衬砌的热物理参数对温度场的影响。

(5) 隧道埋深

隧道埋深直接影响了隧道的原始岩温,埋深越大,原始岩温越高。洞门段的地形将影响埋深的分布,较缓的洞门段坡度意味着隧道纵向需要较长的距离来达到最大埋深,也意味着需要较长的距离来达到最大原始岩温。而且洞门段是寒区隧道发生冻害的主要区段,需要引起充分的关注,在隧道设计时可以通过调整线路等措施加以控制。

(6) 隧道断面大小

在温度场计算模型中,隧道断面面积的大小体现在隧道半径 R 这个参数上。大的隧道断面面积意味着有较大的换热面积,也意味着单位时间内有更多的外界空气流入隧道内。在实际隧道设计中,隧道断面大小和列车类型、时速、单双线等因素相关,所以,若是隧道断面大小对隧道温度场有较大影响,设计时也应考虑抗防冻设计对断面大小的要求。

(7) 影响因素的选取

综上所述,考虑寒区铁路隧道的特点,根据隧道非稳态温度计算模型的计算参数,排除影响较小的因素,提出本次考察的全局敏感度考察因素:洞口风温、洞内风向、洞内风速、隧道断面大小、对流换热系数、围岩导热系数、围岩比热容、围岩密度及影响隧道原始温度的隧道埋深等共9个影响因素。根据试验风流流速与对流换热系数的关系可知,隧道内风流流速和对流换热系数基本呈线性关系,所以风速的敏感度水平也代表了对流换热系数的敏感度水平。故这里将两个因素合并考虑,以风速的敏感度代表风速和对流换热系数的整体敏感度,这样,影响因素总共为8个。

寒区隧道温度场问题是一个含相变的传热问题,围岩导热系数、围岩比热容等参数在冻结区和非冻结区的取值不同,常见的处理方式是假设相变发生在相变温度附近的一个温度范围内,而构造不同温度区域内导热系数和比热容等的取值函数。由于本章的研究是定性地分析隧道温度场影响因素的敏感度,为了研究分析的可行性,在计算中假定各热物理参数为恒定值。

2)隧道概况

选取东北寒区南山隧道为例开展研究,隧道纵断面如图4-1所示。

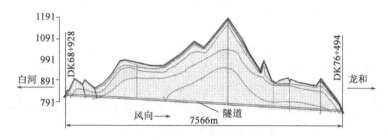

图4-1 南山隧道纵断面图

南山隧道沿线属于中温带湿润大陆性季风气候区,冬季漫长而严寒多雪,夏季凉爽并低温多雨,雨季在6~7月。沿线历年最冷月平均气温-12.69~-12.1℃,属寒冷地区。隧道全长7566m,最大埋深385m,隧道当量直径$D=5.96$m。

由于缺少隧道贯通时的洞内围岩温度资料,本文采用隧道温度场计算中常见的地温梯度法,参考地表地温分布规律和南山隧道当地气温条件,取变温层深度为30m,恒温层深度为25m,增温层的温度梯度3℃/100m,根据隧道埋深,计算得到各隧道沿纵向的原始地温。根据南山隧道工程地质勘查资料和当地气候资料,材料基准计算参数如表4-1所示,参考实测洞内平均风速,洞内计算风速取为2.5m/s,选取对流换热系数取17W/(m²·℃)。

介质材料基准参数　　表4-1

材料类型	厚度 (m)	密度 (kg/m³)	恒压比热容 [J/(kg·℃)]	导热系数 [W/(m·℃)]
围岩	—	2400	850	2.5
初期支护	0.25	2500	1046	1.74
二次衬砌	0.45	2500	1046	1.74
空气	—	1.2	1005	—

3)正交试验敏感度分析

(1)正交试验原理

正交试验方法是根据数理统计学与正交性原理,从大量试验中选取有代表性的试验,按照"正交表"安排试验。正交表具有"整齐可比性"和"均衡分散性"的特点,因此,通过正交试验设计,既可大大减少试验次数,又可以达到全面试验分析的目的,即找出各因素对试验考核指标(即试验观测数据)的影响规律。

用正交试验法分析各指标敏感度的大致步骤为：①确定全局敏感性分析的各因素和试验指标；②确定变化因素的数量及各因素变化的水平数，选择正交试验表；③按正交表的要求列出试验方案表，计算各方案的指标值；④总结各因素水平的平均计算值，计算极差 R，按极差大小对各因素敏感性进行排序。

（2）试验指标与正交表的选取

寒区隧道抗防冻设计关注的焦点是洞内衬砌和周边围岩的温度是否达到冻结温度以下，包括冻结区的纵向范围及局部丰富藏水段的温度分布等。所以，以隧道初期支护沿纵向全长的平均温度、某局部断面（距小里程洞口 3000m）处衬砌温度和隧道小里程入口端纵向冻结长度（<0℃）为计算指标展开正交试验。

试验中，自然风风向以自小里程向大里程吹和自大里程向小里程吹两个方向进行研究，即风向为正或为负两水平，假定风向改变时，隧道入口风温不变。其余各因素以在基础参数值基础上以 -20%、0、+20% 三个水平进行研究。基准参数取值为，某月实测平均洞门风温 -17℃，某月实测洞内风速平均值 2.5m/s，隧道断面当量直径 5.96m，其他参数见表 6-1。计算最冷月平均气温 -17℃ 连续作用 30 天后隧道的温度场。

另外，隧道埋深直接影响隧道原始温度场，假定隧道平均埋深分别增加 20%、不变和减少 20%，根据地温梯度法计算其对应的原始岩温并带入模型进行分析。

根据影响因素数量和变化水平，选用 $L_{18}(2^1 \times 3^7)$ 正交表进行分析，正交表设计如表 4-2 所示。

$L_{18}(2^1 \times 3^7)$ 正交试验表　　　　表 4-2

试验号	自然风风向	入口风温	洞内风速	断面大小	隧道埋深	围岩导热系数	围岩比热容	围岩密度
1	1	1	1	1	1	1	1	1
2	1	1	2	2	2	2	2	2
3	1	1	3	3	3	3	3	3
4	1	2	1	1	2	2	3	3
5	1	2	2	2	3	3	1	1
6	1	2	3	3	1	1	2	2
7	1	3	1	2	1	3	2	3
8	1	3	2	3	2	1	3	1
9	1	3	3	1	3	2	1	2
10	2	1	1	3	3	2	2	1
11	2	1	2	1	1	3	3	2
12	2	1	3	2	2	1	1	3
13	2	2	1	2	3	1	3	2
14	2	2	2	3	1	2	1	3

续上表

试验号	自然风风向	入口风温	洞内风速	断面大小	隧道埋深	围岩导热系数	围岩比热容	围岩密度
15	2	2	3	1	2	3	2	1
16	2	3	1	3	2	3	1	2
17	2	3	2	1	3	1	2	3
18	2	3	3	2	1	2	3	1

4）试验结果

（1）试验结果分析

通过 $L_{18}(2^1 \times 3^7)$ 正交表分析各影响因素对隧道温度场的影响程度，各指标下的计算结果如表4-3～表4-5所示。

以距隧道小里程洞门3000m处衬砌背后节点温度为指标的计算结果　　表4-3

试验号	自然风风向	入口风温(℃)	风速(m/s)	断面大小 R(m)	隧道埋深(m)	围岩导热系数 [W/(m·℃)]	围岩比热容 [J/(kg·℃)]	围岩密度 (kg/m³)	衬砌背后节点温度 (℃)
1	小-大	-20.4	2	2.384	0.8	1.36	680	1760	2.298
2	小-大	-20.4	2.5	2.98	1	1.7	850	2200	1.895
3	小-大	-20.4	3	3.576	1.2	2.04	1020	2640	1.734
4	小-大	-17	2	2.384	1	1.7	1020	2640	4.143
5	小-大	-17	2.5	2.98	1.2	2.04	680	1760	3.028
6	小-大	-17	3	3.576	0.8	1.36	850	2200	-1.03
7	小-大	-13.6	2	2.98	0.8	2.04	850	2640	2.517
8	小-大	-13.6	2.5	3.576	1	1.36	1020	1760	1.242
9	小-大	-13.6	3	2.384	1.2	1.7	680	2200	4.033
10	大-小	-20.4	2	3.576	1.2	1.7	850	1760	4.983
11	大-小	-20.4	2.5	2.384	0.8	2.04	1020	2200	3.809
12	大-小	-20.4	3	2.98	1	1.36	680	2640	3.107
13	大-小	-17	2	2.98	1.2	1.36	1020	2200	5.955
14	大-小	-17	2.5	3.576	0.8	1.7	680	2640	2.286
15	大-小	-17	3	2.384	1	2.04	850	1760	4.609
16	大-小	-13.6	2	3.576	1	2.04	680	2200	4.417
17	大-小	-13.6	2.5	2.384	1.2	1.36	850	2640	6.159
18	大-小	-13.6	3	2.98	0.8	1.7	1020	1760	2.834

以隧道衬砌背后节点温度为指标的计算结果表　　　　　表 4-4

试验号	1	2	3	4	5	6	7	8	9
衬砌背后节点温度(℃)	1.852	1.932	2.044	3.729	3.079	-0.504	2.387	1.595	3.972
试验号	10	11	12	13	14	15	16	17	18
衬砌背后节点温度(℃)	2.269	2.057	0.797	3.712	0.339	2.713	2.469	4.336	1.226

以隧道入口段冻结纵向长度为指标的计算结果表　　　　　表 4-5

试验号	1	2	3	4	5	6	7	8	9
隧道入口段冻结长度(m)	1740	1920	1920	1140	1440	3240	1380	2100	1140
试验号	10	11	12	13	14	15	16	17	18
隧道入口段冻结长度(m)	0	120	0	0	120	0	0	0	120

提取计算结果,分别分析各个影响因素对不同指标的影响,如图 4-2～图 4-4 所示。

分析图 4-2 和图 4-3 可知,总体来讲,隧道初期支护和围岩交界点温度随入口风温、隧道埋深、围岩导热系数、围岩比热容、围岩密度的增大而升高,随洞内风速和隧道半径的增大而降低。

图 4-4 中的 g)和 h)中数据有突变现象,这是由于当隧道纵向初期支护温度大于 0℃时统一取冻结长度为 0m 所致,所以以冻结长度为指标进行敏感度分析存在局限性。

(2)全局敏感度分析

由于洞内风向只有两个水平,1～9 号试验和 10～18 号试验两组试验各自的风向都是相同的,同时其他因素变化均出现相同的次数,可以认为两组试验结果的差异是由风向的变化引起的。对于风向以外的其他影响因素,如入口风温,分别取 3 个水平的 6 次试验结果平均值作为每组的试验结果,则三组试验结果的差值即可反映入口风温变化时对隧道温度场的影响程度。

把每个影响因素 3 组试验结果最大差值百分比作为极差,以极差的大小来判定各影响因素对隧道温度场的影响大小,即各影响因素的灵敏度。

计算以最冷月平均入口风温 -17℃ 连续作用 30 天后的隧道温度场,各个指标的影响因素敏感度如表 4-6～表 4-8 所示。

距小里程洞口 3000m 处横断面初期支护温度正交试验极差计算　　　　　表 4-6

项目	洞内风向	入口风温	洞内风速	断面大小	隧道埋深	围岩导热系数	围岩比热容	围岩密度
水平 1	-3.97%	53.77%	10.87%	-1.13%	87.79%	45.88%	43.00%	44.66%
水平 2	84.50%	37.74%	33.59%	40.24%	40.80%	46.32%	38.77%	38.37%
水平 3	—	29.29%	76.33%	81.69%	-7.79%	28.60%	39.03%	37.76%
极差	88.48%	24.49%	65.46%	82.82%	95.58%	17.72%	4.24%	6.90%
排序	2	5	4	3	1	6	8	7

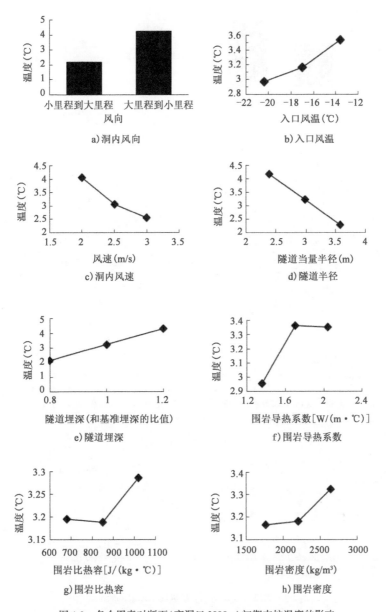

图 4-2 各个因素对断面(离洞口 3000m)初期支护温度的影响

隧道初期支护纵向全长的平均温度正交试验极差计算　　表 4-7

项目	洞内风向	入口风温	洞内风速	断面大小	隧道埋深	围岩导热系数	围岩比热容	围岩密度
水平1	20.51%	43.85%	-7.78%	-26.10%	74.69%	32.73%	29.26%	22.68%
水平2	19.50%	17.60%	20.03%	18.19%	19.11%	21.19%	18.19%	22.73%
水平3	—	-1.45%	47.75%	67.92%	-33.79%	6.08%	12.56%	14.60%
极差	1.01%	45.30%	55.53%	94.02%	108.49%	26.65%	16.69%	8.14%
排序	8	4	3	2	1	5	6	7

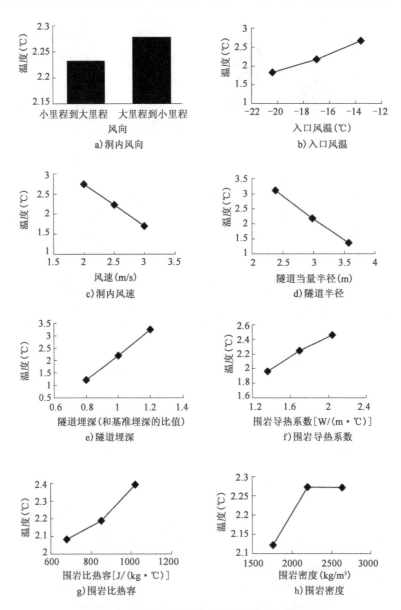

图4-3 各个因素对初期支护纵向平均温度的影响

隧道入口段冻结纵向长度正交试验极差计算 表4-8

项目	洞内风向	入口风温	洞内风速	断面大小	隧道埋深	围岩导热系数	围岩比热容	围岩密度
水平1	2.30%	-54.60%	-38.51%	-29.31%	-56.90%	-53.45%	-48.28%	-56.32%
水平2	-97.70%	-43.10%	-45.40%	-53.45%	-50.57%	-57.47%	-37.36%	-38.51%
水平3	—	-45.40%	-59.20%	-60.34%	-35.63%	-32.18%	-57.47%	-48.28%
极差	100.00%	9.20%	20.69%	31.03%	21.26%	25.29%	20.11%	17.82%
排序	1	8	5	2	4	3	6	7

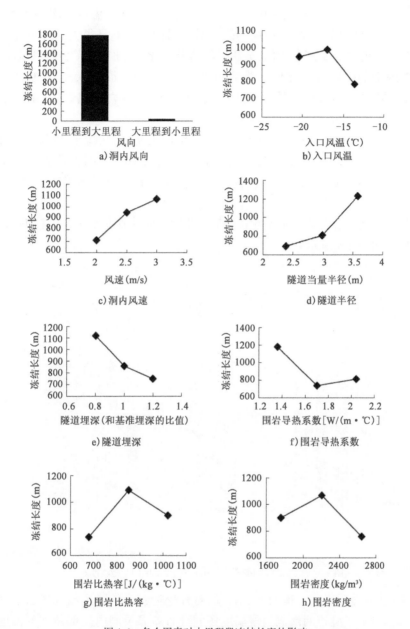

图 4-4　各个因素对小里程段冻结长度的影响

由表 4-6 可知,距小里程洞口 3000m 处横断面初期支护温度正交试验结果表明,隧道埋深的极差为 0.9558,是最敏感的因素。洞内风向极差为 0.8848,是仅次于埋深的因素。由于自然风风向的水平以方向表示,其他因素的水平以量化的数值来表示,因此,洞内风向不宜与其他因素直接进行比较,但是自然风风向直接影响了隧道两端洞口段温度场的分布差异及洞内局部断面的温度,在研究隧道温度场时不可忽略。各影响因素的敏感度排序依次为隧道埋深（0.9558）、洞内风向（0.8848）、断面大小（0.8282）、洞内风速（0.6546）、入口风温（0.2449）、围岩导热系数（0.1772）、围岩密度（0.069）及围岩比热容（0.0424）。

由表 4-7 可知,洞内风向对于隧道初期支护纵向全长的平均温度的影响很小。分析试验结果发现,对于每个试验节点来说,风向的改变对于温度的影响是很大的,由于纵向节点平均温度是取多个节点的试验温度平均值,分析时综合其变化,因此出现了自然风风向极差很小的现象。各影响因素的敏感度排序依次为隧道埋深(1.0849)、断面大小(0.9402)、洞内风速(0.5553)、入口风温(0.4530)、围岩导热系数(0.2665)、围岩比热容(0.1669)、围岩密度(0.0814)、洞内风向(0.0101)。

由表 4-8 可知,洞内风向对于隧道入口段冻结纵向长度正交试验结果的影响最大,各影响因素的敏感度排序依次为洞内风向(1.000)、断面大小(0.3103)、围岩导热系数(0.2529)、隧道埋深(0.2126)、洞内风速(0.2069)、围岩比热容(0.2011)、围岩密度(0.1782)、入口风温(0.0920)。

为了更为直观地表达各因素的敏感度,将不同指标时隧道温度场计算模型影响因素敏感度的柱状图列出如图 4-5 所示。

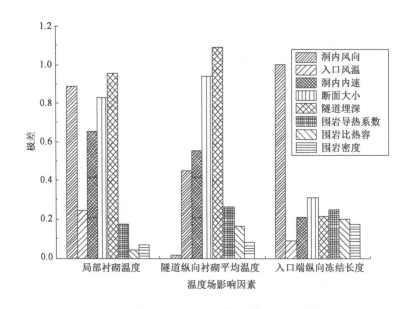

图 4-5　不同指标时隧道温度场计算模型影响因素敏感度对比

总体来说:隧道埋深影响隧道的原始岩温,对开挖运营后的隧道温度场影响显著;两水平的洞内风向直接影响了隧道两端洞口段温度场的分布差异及洞内局部断面的温度;隧道断面为气流和围岩的热交换提供了空间,断面越大,单位时间内热交换量越大;入口风温和洞内风速表征了冷空气吸入量,大的风速和低的风温直接加速洞内气流温度的降低,提高对流换热速率;围岩导热系数表征了围岩热传导的快慢,对温度场有重要影响。所以,隧道埋深、洞内风向、隧道断面大小、洞内风速、入口风温、围岩导热系数是影响隧道温度场的主要因素,而影响较小的围岩比热容和围岩密度是次要因素。

在寒区隧道抗防冻设计中,围岩比热容、围岩密度、围岩导热系数、入口风温等因素为不可更改因素。隧道埋深、断面大小、洞内风速、洞内风向等是可以调控的隧道抗防冻设计参数,而它们又都是对寒区隧道温度场影响较大的因素,所以必须引起足够的重视。

4.2 寒区隧道保温隔热层设置长度的影响研究

隧道衬砌和周边围岩在具备了冻融的温度条件、存水条件、地质条件后可能发生冻害现象,在围岩整治、完善排水系统、加强衬砌质量的基础上,在洞口段设置适当的保温设施(如隔热层等),把衬砌背后的温度控制在不使围岩发生冻融的温度范围,被认为是一种有效的辅助对策。

在我国,保温隔热层在寒区隧道抗防冻设计中有较广泛的应用,在高地温隧道也涉及其应用。本章利用4.2节考虑隧隧道入口风温和风速等的有限差分计算软件TTCS,重点探求隧道内风速、风向、风温等因素对隧道保温隔热层的影响,并分析合理、安全、经济的保温隔热层设置位置和规模。

1) 保温隔热层类型与作用

对寒区隧道而言,多年冻土段铺设的隔热(保温)材料以减小施工引起的多年冻土融化圈范围以及防止多年冻土回冻后再次融化为目的,称为隔热层;非冻土段铺设的隔热(保温)材料以防止围岩及隧道防排水系统冻结为目的,此部分称为保温层。多年冻土段利用隔热材料的隔热作用,非冻土段利用保温材料的保温作用,两者对流换热界面的热流方向相反。

从计算条件上来讲,不同气候及地形地貌条件下,围岩和洞内气流的温度条件不一样。保温隔热层从设置位置分类,分为中隔式、贴壁式、双隔热式、离壁式等形式。《铁路隧道设计规范》7.1.1规定:隧道应设衬砌,并应优先采用复合衬砌,地下水不发育的Ⅰ、Ⅱ级围岩的短隧道,可采用喷锚初期支护。目前在国内常见的隧道保温隔热层为中隔式(在初期支护和二次衬砌之间)和贴壁式(在二次衬砌表面)保温隔热层,如图4-6所示。

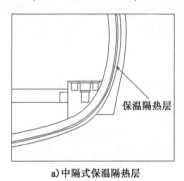

a) 中隔式保温隔热层　　　　b) 贴壁式保温隔热层

图4-6　中隔式和贴壁式保温隔热层示意图

保温隔热材料是指对热流具有显著阻抗性的材料或材料复合体。按材质分类,保温隔热材料可分为无机绝热材料、有机绝热材料和金属绝热材料三大类。按形态分类,可分为纤维状、微孔状、气泡状和层状等。目前,保温隔热材料主要有:酚醛泡沫塑料、聚氨酯泡沫塑料、聚苯乙烯泡沫塑料、高压聚乙烯、橡塑隔热材料、岩棉及玻璃棉等如表4-9所示。

保温隔热材料的性能指标　　　　　　　　　　　　表4-9

指标	酚醛泡沫	聚氨酯	聚苯乙烯	高压聚乙烯	橡塑	岩棉	玻璃棉	福利凯
导热系数[W/(m·k)]	0.02~0.033	0.022~0.036	0.033~0.04	0.029~0.035	0.031~0.036	0.033~0.064	0.03~0.042	0.026~0.033
吸水率(kg/m³)	0.02	0.03	0.2	0.02	0.3	<2	<2	<6
抗压强度(MPa)	0.216	0.127	0.107	0.033	0.03	0.107	0.107	0.246

2）隧道保温隔热计算参数

以牡绥线铁路改造工程长度6170m（DK491+549～DK497+719）的绥阳隧道为例进行研究。根据历史气候数据显示，该地区历年年平均气温为3.4℃，历年最冷月平均气温为-18.1℃，按对铁路工程影响的气候分区，属严寒地区。主风向为东西向，最大积雪深度47cm，土壤最大冻结深度241cm，历年平均年降水量558mm。中心深埋水沟位于隧道轨面线以下4m。具体地质、水文条件参考3.3节，计算中隧道各介质材料参数取值参见表4-7。

选取硬泡聚氨酯保温材料作为保温材料，材料密度取值37kg/m³，恒压比热容取值1500J/(kg·℃)，导热系数取值0.022W/(m·℃)。围岩初始温度取12℃，根据隧道内该断面最冷月平均温度选取恒定风温-11.8℃，对流换热系数取15W/(m²·℃)，取保温层厚度分别为0、0.03m、0.05m、0.07m、0.09m、0.1m等工况来分析。

3）不同类型冻土层隧道保温隔热层设置方式

（1）非冻土型隧道保温层分析

采用3.4节隧道横断面温度计算模型，非冻土型隧道中隔式和贴壁式隔热层衬砌背后节点温度计算结果如图4-7、图4-8所示。对在两种隔热层设置方式分别取0.03m和0.05m厚保温层后隧道二次衬砌背后节点的温度对比如图4-9所示。

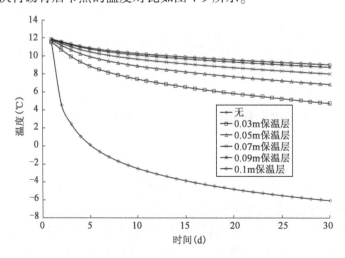

图4-7　不同厚度保温层对隧道二次衬砌背后节点温度的影响（中隔式）

第4章 寒区隧道温度场的影响特征分析

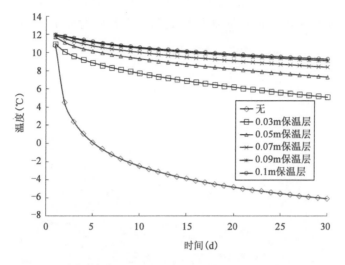

图4-8 不同厚度保温层对隧道二次衬砌背后节点温度的影响(贴壁式)

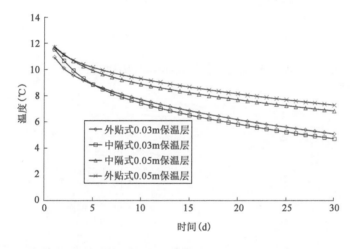

图4-9 不同位置施设保温层对隧道二次衬砌背后节点温度的影响

由计算结果可知：

①采用硬泡聚氨酯保温材料作为保温层,可以有效提高寒区隧道衬砌和围岩温度。保温层厚度越大,二次衬砌背后初期支护以及围岩的降温越慢。保温层厚度为0.05m左右时,工作效率最高;厚度大于0.07m后,继续增加厚度而带来的保温效果提升不再显著,通过增加保温层厚度来提高隧道非冻土段衬砌和围岩温度的效果是有限的。

②如图4-9所示,在初期支护与二次衬砌间铺设及二次衬砌表面贴挂保温层都能起到较好的保温效果。相较而言,铺设0.03m厚保温层时,对于二次衬砌背后温度,外贴式比中隔式高0.36℃左右;铺设0.05m厚保温层时,外贴式比中隔式高0.45℃左右。在二次衬砌表面外贴保温层的方式保温效果更好。

(2)多年冻土型隧道隔热层分析

隧道多年冻土段,围岩温度为冻土温度,隔热层的作用是保持其冻结状态,避免冻融循环造成结构的破坏。分析隔热层对隧道二次衬砌背后节点温度场的影响,计算结果如图4-10和图4-11所示。0.03m和0.05m厚度隔热层后隧道二次衬砌背后节点的温度对比如图4-12所示。

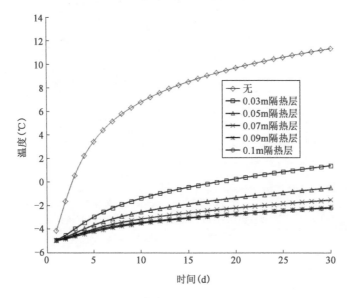

图4-10　不同厚度隔热层对隧道二次衬砌背后节点温度的影响(中隔式)

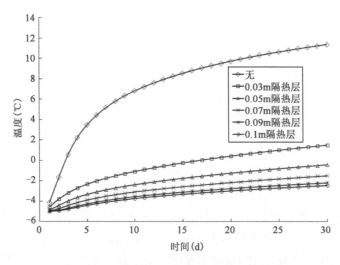

图4-11　不同厚度隔热层对隧道二次衬砌背后节点温度的影响(贴壁式)

①采用硬泡聚氨酯保温材料作为隔热层,可以有效阻隔高温空气与隧道冻土段围岩的热传导,以保持寒区隧道冻结围岩温度。隔热层厚度越大,二次衬砌背后初期支护以及围岩的升温越慢。隔热层厚度为0.05m左右时,工作效率最高;厚度大于0.07m后,继续增加厚度而带来的隔热效果提升不再显著,通过增加隔热层厚度来保持围岩温度的冻结效果是有限的。

②如图4-12所示,在初期支护与二次衬砌间铺设及二次衬砌表面贴挂保温隔热层都能起到较好的保温效果。相较而言,铺设0.03m厚隔热层时,对于二次衬砌背后温度,外贴式比中

隔式高0.27℃左右;铺设0.05m厚隔热层时,外贴式比中隔式高0.13℃左右。在二次衬砌和初期支护之间铺设隔热层的效果更好。

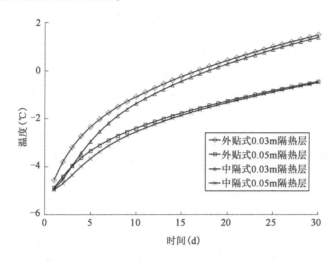

图4-12 不同位置施设隔热层对隧道二次衬砌背后节点温度的影响

根据上述计算结果,对中隔式和贴壁式保温隔热层的特点进行对比总结,见表4-10。

中隔式和贴壁式保温隔热层特点分析　　　　表4-10

类别	优点	缺点
贴壁式	(1)保温隔热效果较好; (2)能够将衬砌结构及围岩在内的所有结构都纳入隔热保温保护范围内; (3)施工效率高,维修更换方便,养护费用低; (4)保温隔热层面板平整度好,减小摩擦阻力系数,有装饰作用	铺设保温隔热层后,若衬砌出现结构开裂、施工缝渗水等病害时,难以察觉
中隔式	(1)保温隔热效果较好; (2)因有两层防水板,防渗水效果较好; (3)围岩有应力变形发生时可稍缓解围岩对二次衬砌的挤压; (4)保温隔热层不会受到洞内车辆的碰撞而破坏	(1)不能保证二次衬砌结构的保温隔热; (2)中隔式保温隔热层易受到结构和围岩的挤压而发生变形破坏; (3)一旦失效,不便更换

考虑到二次衬砌表面外贴隔热层便于维护和更换的优点,以及中隔式保温层遇水变形和受挤压变形的特点,在施工工艺允许的前提下,建议外贴式保温隔热层更优。另外,当寒区隧道存在多年冻土段时,可以使用注浆等方法增大隔热层厚度以减少冻融循环的影响。

4)保温隔热层纵向设置长度影响研究

在设计阶段,由于缺乏洞内气温的统计资料,需要以洞口预测气流温度为边界条件计算隧道温度场。对于可能发生冻害段的保温隔热层纵向设置长度,需要做一个合理的预测。同时,当隧道运营后,隧道内机械通风和列车活塞风等将对洞内风速、风向产生影响,继而对抗防冻长度产生影响。

同样以绥阳隧道为计算模型,对绥阳隧道小里程洞口所在绥芬河地区从隧道贯通到温度实测期间的气温进行统计分析,得出隧道入口风温 $T_f(℃)$ 随时间 $i(d)$ 变化的关系,如下式所示:

$$T_f = 2.5 + 18.5\sin\left(\frac{2\pi\tau}{365} - \frac{\pi}{2}\right) \tag{4-2}$$

使用 T_f 作为隧道进口风温边界条件进行计算,计算风速取 2m/s,方向由小里程吹向大里程。通过第 5 章中对绥阳隧道的现场温度实测和计算可知,绥阳隧道埋深较浅,原始地温较低,为了使对比结果更加直观,本节的研究将隧道全长原始岩温提高 20℃ 进行计算,以便讨论进寒区隧道洞口段的保温隔热层布置特点。

(1) 不铺设保温层的影响

首先对不铺设保温层的隧道温度场进行计算。分析初期支护和围岩交点温度随隧道纵向分布情况。如图 4-13~图 4-15 所示。

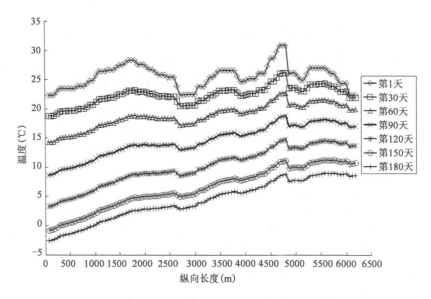

图 4-13 不铺设保温层时隧道初期支护和围岩交点温度图一

图 4-13 和图 4-14 为不铺设保温层时隧道初期支护和围岩交界点在第一年内的温度分布情况,该处温度与隧道入口风温 T_f 有相同的变化规律,但是时间上有滞后,滞后现象随隧道纵向距离递增。分析图 4-15,从计算工况可知,隧道内风流方向由小里程吹向大里程,故温度分布从小里程到大里程逐渐升高。在冬季,隧道内出现了入口段为负温的情况,其范围有逐年增加的趋势。分析计算结果,第 3 年其入口段最大负温段长度为 2880m 左右。

(2) 铺设保温层的影响

根据不铺设保温层的计算结果,在入口段铺设长度为 3400m 的保温层,选取硬泡聚氨酯保温材料,厚度取为 7cm,铺设在初期支护和二次衬砌之间。

由图 4-16 和图 4-17 可知,在隧道小里程进口端铺设 3400m 的保温层,第一年内,隧道内初期支护和围岩交点温度没有出现负温的情况。最低温出现在保温层铺设边界处,即 3400m 左右处。而在计算后期保温层的效果也较显著。这说明,保温层很好地保持了隧道围岩温度,是有效的防寒抗冻措施。

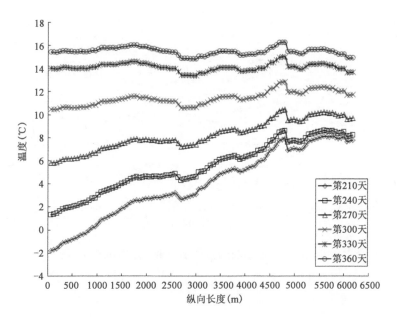

图 4-14 不铺设保温层时隧道初期支护和围岩交点温度图二

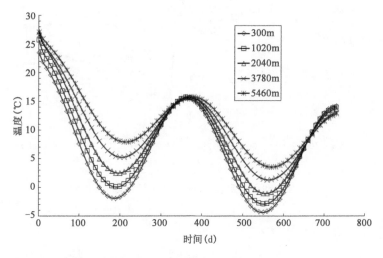

图 4-15 纵向不同断面隧道初期支护和围岩交点温度图

(3)列车运营工况的影响

考虑列车活塞风对隧道温度场的影响,主要体现在列车通过时的活塞风风速和风向对温度场的影响。

①计算工况设置

参考某铁路隧道运营资料:正常运营后,设计行车速度60km/h,每日的交通量为12对,即每1h通过1列火车。根据列车的不同行驶方向简化为以下三种不同的列车运营图。从小里程到大里程,绥阳隧道为上坡。

运营工况一:列车单向行驶,所有的列车均有隧道小里程洞口驶向大里程洞口方向,隧道受自然风及正向(与自然风方向一致)活塞风作用。如图4-18所示。

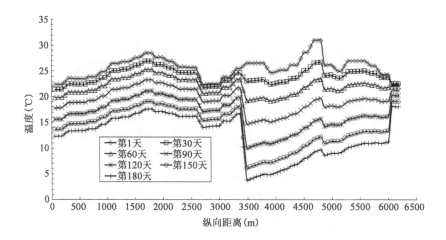

图 4-16 铺设保温层时隧道初期支护和围岩交点温度图一

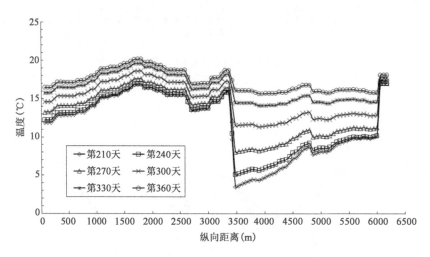

图 4-17 铺设保温层时隧道初期支护和围岩交点温度图二

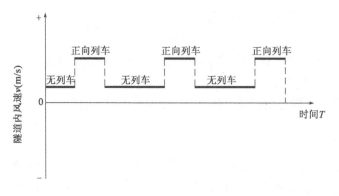

图 4-18 列车运营图一

运营工况二:列车单向行驶,所有的列车均由隧道大里程洞口驶向小里程洞口方向,隧道受自然风及反向(与自然风方向相反)活塞风作用。如图 4-19 所示。

第4章 寒区隧道温度场的影响特征分析

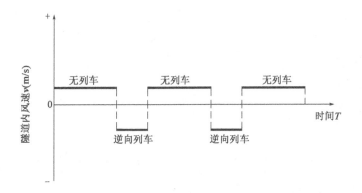

图 4-19 列车运营图二

运营工况三：双向行驶列车的行驶方向交替变化，隧道受自然风及方向交替变化的活塞风作用。如图 4-20 所示。

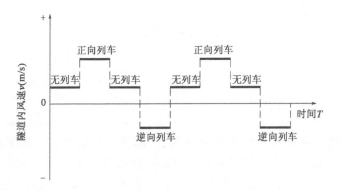

图 4-20 列车运营图三

②列车活塞风计算

采用计算断面当量直径 10m,自然风风速 2m/s（因本节主要考虑活塞风作用的影响,故对自然风方向不多作考虑,认为自然风方向始终由隧道小里程入口到大里程出口）。洞口风温采用洞口地区最冷月平均温度 -18℃ 连续作用 3 个月进行计算,由于列车活塞风作用时间相对自然风较短,故假定对流换热系数不变。

列车产生活塞风参考《铁路隧道运营通风设计规范》（TB 10068—2010）中的单线隧道列车活塞风风速计算公式进行计算：

$$v_\mathrm{m} = v_\mathrm{T} \frac{-1 + \sqrt{1 + \left(\frac{\xi_\mathrm{m}}{K_\mathrm{m}} - 1\right)\left(1 \pm \frac{\xi_\mathrm{n} v_\mathrm{n}^2}{K_\mathrm{n} v_\mathrm{T}^2}\right)}}{\frac{\xi_\mathrm{m}}{K_\mathrm{m}} - 1} \tag{4-3}$$

式中：v_m——列车活塞风；

$\xi_\mathrm{m} = 1 + \lambda \dfrac{L_\mathrm{T} - l_\mathrm{T}}{d} + \xi$；

$$\xi_\mathrm{n} = 1 + \lambda \frac{L_\mathrm{T}}{d} + \xi;$$

$$K_\mathrm{m} = \frac{N L_\mathrm{T}}{(1-\alpha)^2};$$

v_T——列车车速；

L_T——隧道长度；

l_T——列车长度；

N——列车阻力系数，$N = \frac{1}{l_\mathrm{T}}\left(0.807\alpha^2 - 1.322\alpha + 1.008 + \lambda \frac{\lambda_\mathrm{T}}{d_\mathrm{h}}\right), d_\mathrm{h} = \frac{4(F - f_\mathrm{T})}{S + S_\mathrm{T} 2a};$

λ——沿程摩擦阻力系数；

α——列车阻塞比，$\alpha = \frac{f_\mathrm{T}}{F}$，其中 f_T 为列车断面积，F 为隧道断面积。

火车长度取 202m，列车取运营时速 60km/h，根据式(4-3)得到自然风影响下隧道内的活塞风风速，如表 4-11 所示。

列车活塞风计算表　　表 4-11

列车行驶方向	活塞风风速(m/s)
与自然风方向一致	6.68
与自然风方向相反	6.23

当正方向(与自然风风向一致)列车通过时，活塞风与自然风相互作用，取隧道内风速大小为 6.68m/s；反方向(与自然风风向相反)列车通过时，取隧道内风速大小为 6.23m/s；无火车通过时，认为隧道内风速为自然风速 2m/s。不考虑列车通过时，在隧道内产生的热效益，隧道内不铺设保温层。

③计算结果分析

如图 4-21~图 4-24 所示。

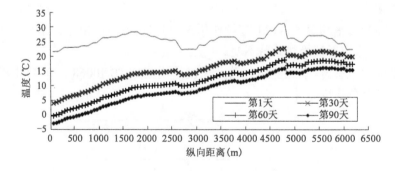

图 4-21　不考虑活塞风隧道初期支护与围岩交点温度纵向分布图

三种不同的列车运营工况下，隧道内围岩温度变化存在一些共同特点：隧道内围岩温度在低温风流换热的作用下逐渐下降，且初期温度下降得较快，随着时间的增长，温度下降的速率逐渐放缓；隧道内围岩温度沿纵向整体表现出由隧道入口至出口温度逐渐升高的分布规律，这是因为相对于列车通过时活塞风作用(每辆列车通过隧道仅仅需要 6.18min),自然风作用时间要长得多,因此自然风对隧道内温度分布起决定性的作用。而自然风的方向正是由隧道小里程入口吹向大里程出口,气流温度逐渐升高,对隧道后段影响减少。

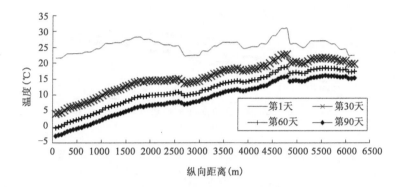

图 4-22　隧道初期支护与围岩交点温度纵向分布图(运营工况一)

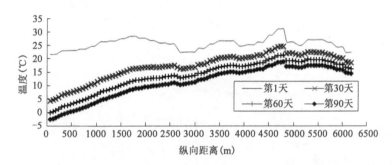

图 4-23　隧道初期支护与围岩交点温度纵向分布图(运营工况二)

尽管由于列车活塞风作用时间较短,其对隧道温度场的整体分布影响不明显,但从图 4-23、图 4-24 的对比可以发现,在隧道出口处温度曲线均有下降的趋势,图 4-23 要比图 4-24 更为明显,这正是由反向活塞风作用所引起的。相比与活塞风的大小,活塞风的方向对隧道内温度分布的影响要大得多。

为了更直观地说明列车活塞风对于隧道内围岩温度的影响,图 4-25 为第 90 天时不同工况下隧道内围岩温度分布图。

如果考虑衬砌和围岩交点温度低于 0℃处需要设防,则三种不同工况下,隧道的设防段长度及位置如表 4-12 所示。

不同列车运营工况下纵向设防长度表　　　　　　　　　　　表 4-12

时间	工况			
	运营图一 小里程洞口(m)	运营图二 小里程洞口(m)	运营图三 小里程洞口(m)	不考虑活塞风 小里程洞口(m)
60 天	60	0	60	60
70 天	240	180	180	240
80 天	420	240	360	360
90 天	600	420	480	540

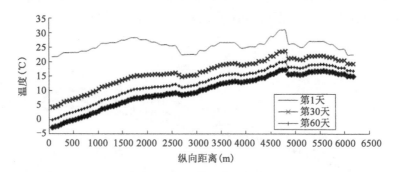

图 4-24 隧道初期支护与围岩交点温度纵向分布图(运营工况三)

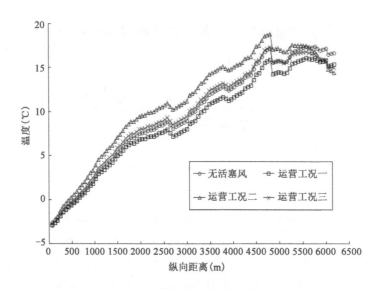

图 4-25 不同工况 90 天时隧道内初期支护和围岩交点温度分布图

由表 4-12 可知：

运营工况一：受正向活塞风与自然风作用，其隧道围岩低于 0℃ 长度要大于同时期无活塞风作用时的长度；

运营工况二：受反向活塞风与自然风作用，其隧道内低于 0℃ 长度要比同时期无活塞风作用时要小很多；

运营工况三：受方向交替变化的活塞风与自然风作用，其隧道内低于 0℃ 长度与同时期无活塞风作用时相当，长度上略小一些。

综上所述：对于自然风方向一定的纵向通风方式，列车活塞风对于隧道抗防冻的影响是或有利或有弊的。正向活塞风对隧道降温起促进作用，会增加隧道冻结长度，对抗防冻的影响是不利的；反向活塞风能够延缓隧道的降温速度，减少隧道的冻结长度，对隧道入口段抗防冻的影响是有利的，但对出口段不利；至于交替性的活塞风作用对于抗防冻的影响，则介于二者之间，相比于无活塞风作用时，有利还是有害是根据具体的工况不同而不同，一般来说对正向入口段略有利,而对出口段不利。

(4)行车密度对保温层长度的影响

行车密度可以理解为每天通过隧道的列车数量,列车数量对活塞风的作用时间是对应的,密度越大,活塞风作用时间越长。以入口风温为 $-18℃$,洞内自然风速为 $2m/s$,计算了 12 列/天的列车密度下,在不同运营工况下隧道围岩温度场的分布。然后与 24 列/天的列车密度进行计算和对比分析。

为对比分析不同行车密度下对隧道围岩温度的影响,现将三种工况、两种行车密度作用下围岩与衬砌交点第 90 天的温度作图,如图 4-26 ~ 图 4-28 所示。

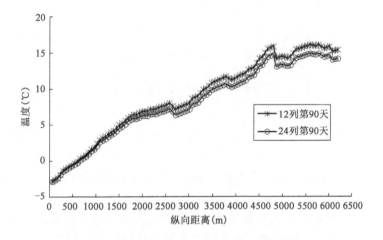

图 4-26 两种行车密度下第 90 天围岩温度图(运营工况一)

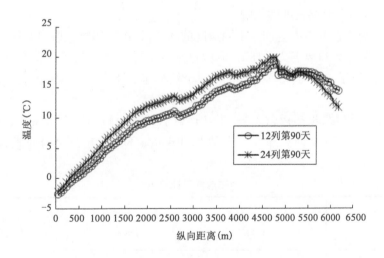

图 4-27 两种行车密度下第 90 天围岩温度图(运营工况二)

从图 4-26 可见,运营工况一:增加每天通过隧道的列车数量,其影响作用与增大风速的影响类似,都是对隧道纵向出口段产生影响,通过列车越多,出口段降温差越大,但总体上对防寒抗冻长度的影响不大。

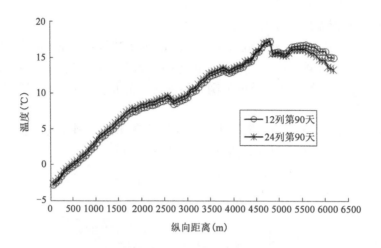

图 4-28　两种行车密度下第 90 天围岩温度图(运营工况三)

从图 4-27 可见,运营工况二:每天通过隧道的列车数量对隧道抗防冻长度影响较大,列车数量越多,对隧道入口段防寒抗冻越有利,24 列时比 12 列时的入口段冻结长度约短 200m。应注意列车数量越多,对隧道出口段的影响是不利的,具体应结合自然风的风速、风向进行考虑。

从图 4-28 可见,运营工况三:列车数量对隧道围岩温度整体上影响微小,仅在出口段略有差别,列车数量越多,出口段越不利。这种运营工况也是最接近双线隧道的行车运营组织的,所以说不同的行车密度对隧道围岩温度影响不大。

(5)列车速度对保温层长度的影响

不同的行车速度在隧道内会产生不同速度的活塞风,进而影响隧道内的气流状态,对寒区隧道温度产生影响。入口风温为 -18℃,洞内自然风速为 2m/s。为了研究不同行车速度对隧道岩温的影响,选取了 40m/s、60m/s、80m/s 三个行车速度计算在自然风和活塞风共同作用下的温度场。

全长不铺设保温层,根据运营资料:正常运营后,设计行车速度 60km/h,每日的交通量为 12 对,即每小时通过 1 列火车。另分别取 40km/h、80km/h 两个行车速度。如表 4-13 所示。

列车活塞风计算表　　　　表 4-13

列车行驶方向	40km/h 活塞风 (m/s)	60km/h 活塞风 (m/s)	80km/h 活塞风 (m/s)
与自然风方向一致	3.66	5.14	6.68
与自然风方向相反	2.75	4.54	6.23

只计算运营工况一下的隧道温度场。将不同车速下的隧道所需保温层纵向长度列于表 4-14。

不同行车速度时隧道设防段长度表（<0℃）　　　表4-14

工况/时间	40km/h	60km/h	80km/h
60d	60m	75m	80m
70d	240m	250m	260m
80d	420m	425m	435m
90d	600m	610m	630m

在其他参数不变的情况下，计算了40km/h、60km/h、80km/h三个列车时速下的隧道围岩温度。可以看出，列车行车速度越大，产生的列车活塞风越大，隧道抗防冻设防长度也越大。其本质还是在于洞内风流速度与方向影响了隧道内风流与围岩的长期对流换热过程。在实际中，列车时速与隧道设计断面大小相关，所以列车时速并不是一个独立的影响参数，故在隧道运营温度场计算时需要注意列车速度与断面大小等参数的匹配。

4.3 本章小结

本章采用隧道温度计算软件-TTCS，对寒区隧道温度场影响因素进行敏感性分析，并在比较不同位置设置保温隔热层的效果分析的基础上，对列车运营工况、行驶对数、行驶速度等对保温层纵向长度的影响进行了研究，通过研究得到如下结论：

（1）当以不同指标进行正交试验时，各影响因素的敏感度排列有局部差异，主要由于指标的关注角度不同所致。总的来讲，隧道埋深、洞内风向、隧道断面大小、洞内风速、入口风温、围岩导热系数是影响寒区隧道温度场的主要因素，围岩比热容、围岩密度是影响隧道温度场的次要因素。

（2）在寒区隧道抗防冻设计中，除去围岩比热容、围岩密度、围岩导热系数、入口风温等不易更改因素，对隧道温度场影响较大的隧道埋深、洞内风向、洞内风速、隧道断面大小等抗防冻设计参数需合理设置。

（3）在初期支护与二次衬砌间铺设及二次衬砌表面贴挂保温隔热层都能起到较好的保温效果，在非冻土地层外贴式保温层的保温效果较佳，多年冻土地层中隔式隔热层隔热效果较佳。考虑到二次衬砌表面外贴隔热层便于维护和更换的优点，以及中隔式保温层遇水变形和受挤压变形的特点，在材料及施工工艺允许的前提下，建议采用外贴式保温隔热层。

（4）列车通过隧道的速度越大，活塞风越大，隧道抗防冻设防长度也越长，但增加的长度并不明显；列车通过隧道的频率，主要影响活塞风作用时间，频率越大，活塞风作用时间越长，对隧道温度场的影响越大；列车方向与自然风方向一致时，会增加隧道冻害长度，对抗防冻的影响是不利的；列车方向与自然风方向相反时，对风流入口段抗防冻的影响是有利的，但对出口段不利。

（5）在永久冻土段和非冻土段的交界区域，由于保温隔热层的作用机理不同，该处易成为工程薄弱点，所以必须加强该处的防排水结构和保温隔热层铺设质量。

本章参考文献

[1] 高建良,何权富,张学博.矿井巷道对流换热系数的现场测定[J].中国安全科学学报,

2010,20(2):100-103.
[2] 何权富. 矿井热参数测算方法研究[D]. 焦作:河南理工大学,2010.
[3] 谢红强. 隧道工程热液固多场耦合效应研究[D]. 成都:西南交通大学,2006.
[4] 周小涵,曾艳华,杨宗贤,等. 高地温隧道温度场的数值解[J]. 铁道科学与工程学报,2015(6):1406-1411.
[5] 范东方,夏才初,韩常领. 不同类型冻土中隧道隔热保温层铺设方式的选择[J]. 地下空间与工程学报,2014,10(2):391-397.
[6] 张胜,刘志楠. 寒区隧道抗防冻设计现状及评述[J]. 公路交通科技:应用技术版,2011(3):204-208.
[7] 周小涵,曾艳华,范磊,等. 基于正交试验的寒区隧道温度场影响因素敏感度研究[J]. 湖南大学学报(自然科学版),2016,43(11):154-160.
[8] 白赞,曾艳华,周小涵,等. 基于对流-导热耦合作用的寒区隧道保温隔热层研究[J]. 隧道建设,2017,37(s2):94-101.

第5章 寒区隧道防寒抗冻设防长度研究

5.1 西南高海拔寒区隧道抗冻范围研究

根据川藏沿线各地区气象资料,对比分析各地区全年气温分布,考虑对隧道抗防冻最不利情况,选取气温较低的理塘地区气候资料为典型气候资料,分工况计算寒区隧道的抗防冻长度,并进行总结。

1) 气候条件

根据理塘地区的水文气象资料,年平均气温为3.7℃左右,最低月平均气温为-5℃左右。参考该地区全年的气温分布表,经过统计分析,得出该地区隧道入口风温随季节变化的函数,按式 $T_\mathrm{f}=3.7+8.25\sin\left(\dfrac{2\pi\tau}{365}-0.58\pi\right)$ 拟合,如图5-1所示。

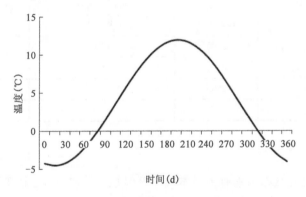

图5-1 理塘地区隧道周期性入口风温

2) 计算工况

为了满足理塘地区季节性冻土区不同类型的隧道抗防冻长度计算的需要,列出计算工况如下:

根据理塘地区的水文气象资料和相关规范,考虑到西南地区铁路隧道以双线隧道为主,设计速度200km/h,据规范取双线隧道自然风速2m/s,隧道全长不铺设保温隔热层。不同的隧道断面参数如表5-1所示。在隧道设计横断面的情况下分别考虑3km、5km、10km、15km、20km、30km、40km、50km的隧道长度,每种隧道长度又分为最大埋深为300m、500m、800m、1000m、1500m、2000m,每天开行的列车对数分别为20对、40对、60对;考虑到实际工程中,最大埋深较小时,隧道长度不会很长,最大埋深很大时,隧道长度不会很短,故当隧道埋深为

300m、500m、800m时,分别取隧道长度3km、5km、10km、15km、20km、30km,隧道埋深为1000m时,分别取隧道长度3km、5km、10km、15km、20km、30km、40km、50km,隧道埋深为1500m、2000m时,分别取隧道长度5km、10km、15km、20km、30km、40km、50km,共计120种小工况。隧道围岩、结构等的计算参数如表5-2所示。计算工况图如图5-2所示。

不同类型隧道断面参数 表5-1

列车类型	行车速度(km/h)	线别(单或双)	隧道断面面积 $F(m^2)$	湿周 $S(m)$	隧道当量直径 $d(m)$
客货共线铁路（含双箱）	160	单线	42	23.99	7.00
		双线	76	32.84	9.26
	200	单线	50	26.62	7.51
		双线	80	34.74	9.21
	250	单线	58	28.66	8.09
		双线	90	36.94	9.75
客运专线	300~350	单线	70	—	—
		双线	100	38.46	10.40

材料基准参数表 表5-2

材料类型	厚度(m)	密度(kg/m^3)	恒压比热容[$J/(kg·℃)$]	导热系数[$W/(m·℃)$]
围岩	—	2200	850	1.7
初期支护	0.25	2500	1046	1.74
二次衬砌	0.45	2500	1046	1.74
空气	—	1.2	1005	—

3) 隧道原始岩温

隧道的原始岩温和众多因素有关。本次计算包括了6种埋深,而埋深又是影响隧道原始岩温的关键因素,所以要分别对不同埋深对应的隧道原始岩温进行分析。

翻查了我国部分地区恒温层的相关参数,并参考四川省阿坝藏族羌族自治州理塘县的相关资料,恒温层厚度为20~30m,增温层的温度梯度取3℃/100m。根据相关研究和资料,变温层深度取为30m,恒温层深度取为25m,恒温层温度取为地区年平均温度,考虑计算模型进出洞口为45°坡面上升,计算得到各隧道沿纵向的原始地温。

4) 西南高海寒区隧道的抗冻设防长度

对理塘地区按不同隧道埋深、不同列车对数、不同隧道长度等条件下的隧道温度场进行了计算。从计算结果可知,隧道入口段冻结长度对各计算参数较敏感,且变化较大,见表5-3。

(1) 在同样埋深、同样隧道长度条件下,列车对数对隧道的冻结长度影响最大,列车对数越多,冻结长度越短。

第5章 寒区隧道防寒抗冻设防长度研究

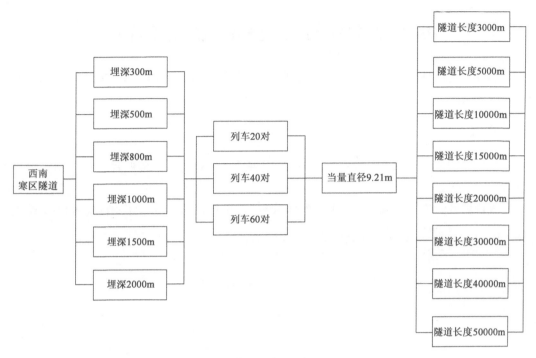

图 5-2 计算工况图

（2）在同一最大埋深下和同一列车对数条件下，隧道长度越长，冻结长度越短。

（3）在最大埋深 300～2000m 范围内，随着最大埋深的增加，隧道最大冻结长度逐渐减小，故隧道埋深增加对隧道入口段的防冻有着有利的影响，但冻结长度变化幅度较小。

理塘地区寒区隧道衬砌以 0℃ 为临界温度的冻结长度　　　　表5-3

隧道长度(m)	最大埋深(m)																	
	300			500			800			1000			1500			2000		
	对数(对)																	
	20	40	60	20	40	60	20	40	60	20	40	60	20	40	60	20	40	60
3000	402	380	359	376	361	350	371	358	342	366	351	337	—	—	—	—	—	—
5000	395	367	355	371	353	344	366	344	329	359	337	323	354	331	316	346	328	315
10000	378	350	354	357	336	336	347	311	307	339	304	296	328	288	275	328	281	266
15000	359	332	336	343	315	313	323	280	270	314	265	250	298	238	214	291	225	191
20000	348	316	316	331	294	283	301	251	227	291	227	197	269	188	145	259	163	112
30000	326	270	234	306	227	162	263	162	69	252	131	0	206	0	0	181	0	0
40000	—	—	—	—	—	—	—	—	—	209	0	0	154	0	0	124	0	0
50000	—	—	—	—	—	—	—	—	—	168	0	0	104	0	0	0	0	0

由计算值可知，迎风端的冻结长度都在 400m 以内。由于 4.2 节计算模型对逆风端的气温边界条件考虑较简单，所以逆风端的冻结长度可参考经验值和逆风端地温气候条件统一考虑各种计算工况下的隧道。

5.2 东北高纬度寒区隧道抗冻范围研究

本节以东北牡丹江地区气候资料为典型气候资料,分工况计算寒区隧道的抗防冻长度,并进行分析总结。

1) 气候条件

根据牡丹江地区的水文气象资料,年平均气温为 4.56℃ 左右,最低月平均气温为 -15℃ 左右。

参考该地区全年的气温分布,通过统计分析,得出风温随季节变化函数,可以按式 $T_{\mathrm{f}} = 4.56 + 19.26\sin\left(\dfrac{2\pi\tau}{365} - 0.57\pi\right)$ 拟合,如图5-3所示。

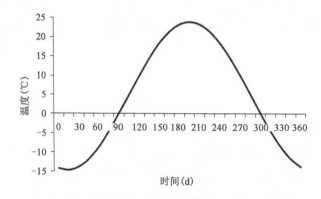

图 5-3 牡丹江地区周期性隧道入口风温

2) 计算工况

牡丹江地区处于季节性冻土区,计算时考虑最不利影响因素,取单线隧道内自然风速1.5m/s,双线隧道内自然风速2m/s,隧道全长不铺设保温隔热层,忽略列车通过时隧道内产生的热效应影响。牡丹江地区海拔高度 80~800m,对单线和双线隧道进行分别计算,取 300m、500m 和 800m 三种埋深,160km/h、200km/h 和 250km/h 三种行车速度,每天 20 对、40 对和 60 对三种行车密度,3000m、4000m、5000m、6000m、10000m 和 15000m 六种隧道长度。需要注意的是,根据表5-1,不同的设计时速与不同的隧道当量直径一一对应。由此,对于东北牡丹江地区高寒铁路的单线和双线隧道,各取 3 种隧道埋深、6 种隧道长度、3 种行车密度和 3 种隧道当量直径,共162种工况进行模拟。计算工况图如图5-4、图5-5所示。

3) 隧道原始岩温

原始岩温与 5.1 节计算过程相同。

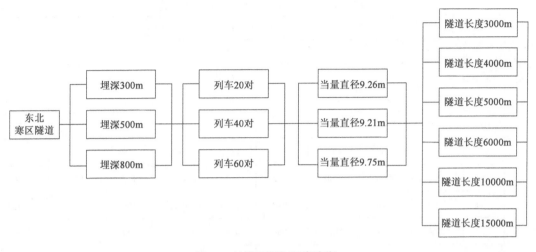

图 5-4　计算工况图（双线隧道）

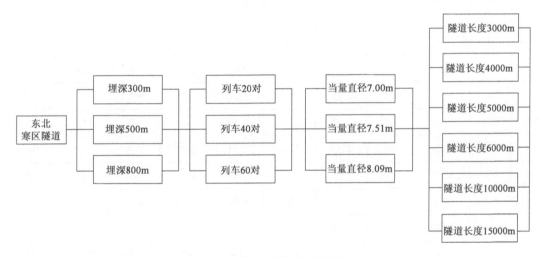

图 5-5　计算工况图（单线隧道）

4) 东北寒区隧道的抗冻设防长度

对牡丹江地区不同埋深、不同列车对数、不同断面大小、不同长度等条件下的隧道温度场进行了计算。从计算结果可知，隧道入口段冻结长度对各计算参数较敏感，且变化较大，所以在此总结不同工况的计算结果，得到隧道风流入口段最大冻结长度。隧道衬砌 0℃ 为冻结临界点，列出计算结果见表 5-4、表 5-5。从两表可以看出：

(1) 在埋深相同的大条件下，单线隧道在不同工况下冻结长度变化很大，最大幅度接近 3000m，而双线隧道在不同工况下的冻结长度变化要小很多，变化幅度小于 300m。

(2) 在相同埋深、相同列车对数、相同隧道长度、相同列车速度下，在列车对数较少、隧道长度较短的工况下，双线隧道的冻结长度较单线隧道的冻结长度更长，且随着列车对数的增加和隧道长度增加（但不超过某一数值的情况下），两者的差距逐渐减小；在同时满足列车对数较多和隧道长度较长的工况下，单线隧道的冻结长度会超过双线隧道。

东北寒区双线隧道衬砌以0℃为临界温度的冻结长度　　　　表5-4

隧道长度(m)	列车车速(km/h)	最大埋深(m)								
		300			500			800		
		对数(对)								
		20	40	60	20	40	60	20	40	60
3000	160	2100	2062	3000	1872	1817	1900	1600	1534	1569
	200	2042	2080	3000	1874	1831	1950	1595	1543	1596
	250	2602	3000	3000	2152	2121	3000	1846	1787	1880
4000	160	2104	2076	2204	1848	1834	1950	1605	1550	1622
	200	2074	2037	2191	1880	1789	1926	1571	1500	1569
	250	2395	2411	2553	2146	2121	2297	1839	1781	1926
5000	160	2091	2063	2201	1866	1817	1950	1590	1526	1618
	200	2064	2030	2204	1837	1781	1942	1561	1487	1580
	250	2369	2389	2566	2118	2086	2298	1807	1730	1916
6000	160	2054	2002	2121	1829	1757	1873	1556	1470	1544
	200	2044	2011	2210	1815	1750	1937	1536	1448	1558
	250	2353	2384	2583	2100	2025	2312	1790	1711	1923
10000	160	2011	1958	2035	1786	1707	1791	1514	1419	1478
	200	1990	1971	2175	1761	1698	1888	1486	1396	1516
	250	2283	2362	2604	2023	2008	2311	1711	1620	1867
15000	160	1968	1881	1864	1743	1636	1625	1470	1342	1327
	200	1941	1911	2040	1712	1631	1764	1436	1329	1412
	250	2187	2239	2425	1929	1893	2118	1622	1507	1700

（3）寒区隧道冻结长度主要受到隧道埋深的影响，随隧道最大埋深增大而减小，隧道埋深增加对隧道入口段的防冻有着有利的影响。

（4）双线隧道与单线隧道冻结长度在规律上存在差异，具体表现为：其他条件保持不变，单线隧道的冻结长度随着隧道长度的增加而增加，而双线隧道的冻结长度随着隧道长度的增加而减小；保持其他条件不变，单线隧道的冻结长度随着列车对数的增加而增加，而双线隧道的冻结长度随着列车对数的增加先减小后增加。

由于5.2节计算模型对逆风端的气温边界条件考虑较简单，所以逆风端的冻结长度可参考经验值并结合逆风端地温气候条件统一考虑。

东北寒区单线隧道衬砌以0℃为临界温度的冻结长度　　　　表5-5

隧道长度(m)	列车车速(km/h)	最大埋深(m)								
		300			500			800		
		对数(对)								
		20	40	60	20	40	60	20	40	60
3000	160	895	1043	1261	778	900	1057	711	801	872
	200	1093	1267	1551	958	1104	1328	838	917	1064
	250	1335	1540	1919	1181	1357	1673	999	1141	1366
4000	160	919	1093	1384	800	948	1156	728	829	919
	200	1114	1326	1703	976	1149	1444	847	951	1135
	250	1361	1614	2079	1200	1410	1809	1011	1174	1460
5000	160	943	1150	1502	822	998	1258	748	855	998
	200	1142	1382	1905	1002	1203	1604	863	1002	1250
	250	1380	1685	2243	1214	1456	1948	1024	1205	1549
6000	160	957	1177	1591	834	1024	1330	760	869	1050
	200	1163	1433	2035	1021	1248	1703	874	1038	1328
	250	1411	1780	2541	1244	1525	2212	1050	1261	1755
10000	160	1033	1360	1984	902	1176	1690	805	975	1339
	200	1231	1611	2434	1080	1387	2068	910	1151	1624
	250	1485	1996	3101	1310	1708	2707	1110	1395	2119
15000	160	1122	1606	2381	980	1383	2079	845	1130	1694
	200	1322	1872	2845	1162	1613	2478	976	1318	2010
	250	1562	2247	3568	1379	1923	3119	1167	1558	2514

5.3 西南寒区与东北寒区隧道温度差异研究

1）不同寒区隧道温度分布差异

本章前两节计算随时间变化的周期性风流温度作用20年工况下理塘地区和牡丹江地区隧道的抗防冻长度。本节以两个地区周期性隧道入口风温下的温度场差异为讨论对象。表5-6为两个地区隧道抗防冻长度对比表，由于在不同隧道长度下冻结长度的规律相似，故只选择10000m隧道进行对比分析。图5-6为两个地区隧道抗防冻长度对比图。

理塘地区和牡丹江地区 10000m 隧道抗防冻长度对比　　　　表 5-6

最大埋深 (m)	气候条件及列车对数					
	理塘地区周期性入口风温 $T_f=3.7+8.25\sin(2\pi/365i-0.58\pi)$ (℃)			牡丹江地区周期性入口风温 $T_f=4.56+19.26\sin(2\pi/365i-0.57\pi)$ (℃)		
	20 对	40 对	60 对	20 对	40 对	60 对
300	378	350	354	1990	1971	2175
500	357	336	336	1761	1698	1888
800	347	311	307	1486	1396	1516

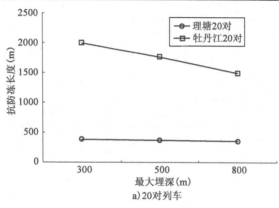

a) 20 对列车

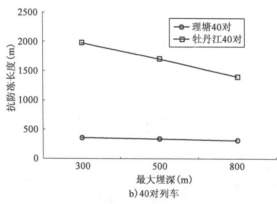

b) 40 对列车

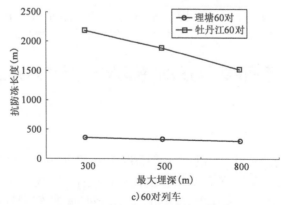

c) 60 对列车

图 5-6　理塘和牡丹江地区 10000m 隧道抗防冻长度对比

如表 5-5 及图 5-6 所示,对于长度 10000m 的隧道,相较而言,埋深对理塘地区隧道防冻长度的影响不如对牡丹江地区的影响大。隧道最大埋深对防冻长度的影响显著,埋深越大,防冻长度越短。

另外,在同样的计算工况下,牡丹江地区的防寒抗冻长度要比理塘地区的防寒抗冻长度大很多。在埋深300m时,20对、40对和60对列车频率下牡丹江地区隧道的防冻长度是同工况下理塘地区隧道的5.2倍、5.6倍、6.1倍。其他埋深条件下,牡丹江地区和理塘地区冻结长度的数量关系与埋深300m时相近。值得注意的是,该数据是针对二次衬砌背面的温度分析的,而采用其他位置温度分析时会有差异。

2) 不同寒区隧道温度分布差异原因

在季节性冻土区,在气温 T_f 作用下,隧道围岩只在冬季有季节性冻土生成,而其他大部分时间都是融土状态,则必然存在如下关系式:

$$T_0 > 0, \quad -T_0 < T_A \quad (T_0 为年平均气温)$$

季节性冻土区隧道内气温在一年中的变化规律如图5-7所示。

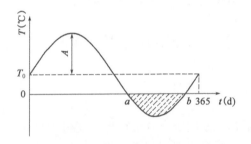

图5-7 季节性冻土区隧道内气温在一年中的变化曲线

融化深度或冻结深度 $H_{u,f}$ 可由斯蒂芬公式估算,即

$$H_{u,f} = \sqrt{\frac{\pm 2\lambda_{u,f} \sum T_{u,f}}{Q_{u,f}}} \tag{5-1}$$

式中:$\lambda_{u,f}$ ——已融土或已冻土的导热系数,[W/(m·℃)];

$\sum T_{u,f}$ ——融化或冻结指数(℃·d),也即围岩的正、负积温;

$Q_{u,f}$ ——单位体积土融化或冻结时的相变潜热(J/m³)。

要计算融化深度或冻结深度,必须首先求出围岩的正积温 $\sum T_u$ 和负积温 $\sum T_f$。由图5-7可知,阴影部分的面积就是围岩的负积温 $\sum T_u$。a 点和 b 点的坐标分别为 $\left[\frac{365}{2\pi}\arcsin\left(-\frac{T_0}{A}\right), 0\right]$ 和 $\left[\frac{365}{2} - \frac{362}{2\pi}\arcsin\left(-\frac{T_0}{A}\right), 0\right]$ 可得围岩的季节融化深度或季节冻结深度的计算公式为:

$$H_{u,f} = \sqrt{\frac{2\lambda_{u,f}\left[T_0\left(\frac{365}{2} - \frac{365}{\pi}\arcsin\left(-\frac{T_0}{A}\right)\right)\right] + \frac{365}{\pi}\sqrt{A^2 - T_0^2}}{L\rho_d(W - W_{i,u})}} \tag{5-2}$$

由理塘地区和牡丹江地区的气温函数可以看到,两个函数中,由于年平均气温相差不到1℃,而其主要差异来自最高温和最低温的差值。该差值在全年分布图中体现为曲线振幅的两倍,牡丹江地区为38.52℃左右,而理塘地区为16.5℃左右。这个差异也是计算工况中唯一差异性较大的因素,它在计算 20 年周期性通风的隧道防寒抗冻长度上起了很关键的作用。从计算结果可以看出,风温分布振幅越大对抗防冻长度越不利,即冻结长度越长。

根据季节冻结深度的计算公式可知,当平均风温高于 0℃时,计算冻结深度时要以低于 0℃的积温即负积温 $\sum T_f$ 来进行计算。从对于牡丹江地区和理塘地区两条风温分布曲线可以看出,牡丹江地区的负积温比理塘地区的负积温要大得多。其具体计算公式如下:

$$\sum T_f = -T_0 \left[\frac{365}{2} - \frac{365}{\pi} \arcsin\left(-\frac{T_0}{A}\right) \right] - \frac{365}{\pi} \sqrt{A^2 - T_0^2} \tag{5-3}$$

计算表明,牡丹江地区负积温为 -3134.07℃,理塘地区负积温为 -1732.42℃,差别很大。大的负积温必然导致该地区冻结深度大,而且在隧道纵向上导致冻结长度较长。

在具体的计算中,由于在低温季节里牡丹江地区的风流温度比理塘地区的风流温度要低很多,在较冷月的时间内,牡丹江地区向隧道传递的冷空气远远多于理塘地区。这导致了牡丹江地区隧道内热量传递速度快于理塘寒区隧道。同时,由于存在一个冻结相对风温在时间上的滞后效应,导致在高温季节不能完全解冻低温季节产生的冻结土。这就导致同等埋深及风速条件下,牡丹江地区的冻结长度大大长于理塘地区的冻结长度。

5.4 基于神经网络的隧道冻结长度预测

1)神经网络的原理

数据科学迅速发展,数据驱动的研究方法在当今变得十分活跃。人工神经网络算法是其中常用的方法,常常被用来进行模式识别和复杂非线性模型的构建。人工神经网络算法及其改进的算法在隧道及岩土工程中已经有大量的应用。

曲线拟合是用连续曲线近似地刻画或比拟平面上离散点组函数关系的一种数据处理方法。传统的曲线拟合方法是用解析表达式逼近离散数据。曲线拟合的一般思路:线性问题,根据最小二乘原理,将问题转化为线性方程组的求解;非线性问题,如果可以通过某些数学变换化成线性,通常优先采用变换,不能化为线性的要借助于求解非线性方程组或最优化理论来解决。如果实际问题对理论模型没有要求,则神经网络是快捷、实用的新型方法,可以达到较高的拟合精度。

欲训练拟合能力强的神经网络,目前被广泛采用的是误差反向传播(Back Propagation)算法,简称 BP 算法,采用此种算法训练的神经网络被称为 BP 神经网络(图 5-8)。BP 神经网络的训练分为两个阶段:

第一个阶段:输入训练样本,根据预设或者上一次迭代后的权值和阈值计算神将元的输出。进入第二个阶段。

第二个阶段:求得输出值的误差,反向运算求得各权值和阈值对误差的影响,对权值和阈值进行修改。返回第一个阶段,直至误差满足要求。

对于拟合问题,采用单个隐层的神经网络就能取得较好的拟合效果。而在该隐层中需要的神经元的数目却没有明确的计算方法,目前虽然有一些经验公式,但实际训练时仍然采用试错法来调整神经元数目。

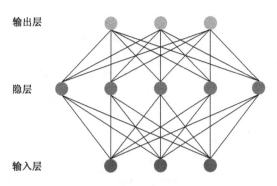

图 5-8 神经网络的结构

对于中小型的神经网络,LM(Levenberg-Marquardt)算法是经常采用的训练算法,但该算法训练出的网络容易出现过适配的现象,此现象表现为:对训练样本的拟合度很高,而对未训练的样本预测误差大的问题;在拟合成的曲线或曲面上表现出的现象为曲线或曲面不光滑。为了避免神经网络模型出现过适配、泛化能力不足的问题,利用贝叶斯(Bayesian)正则化算法对LM 算法改进而形成自动归一化算法,采取自动归一化算法进行神经网络的训练可以得到泛化能力较高的网络模型。

自动归一化算法的原理如下:假定训练集的格式是 $\{p_1,t_1\},\{p_2,t_2\}\cdots\cdots\{p_n,t_n\}$。通过训练神经网络得到目标函数 $g(p_i)$,使得 $t_i = g(p_i) + \varepsilon_i$。$\varepsilon_i$ 表示独立于其他变量的高斯噪声(Gaussian noise)。和方差 $SSE = \sum_{i=1}^{n}(t_i - a_i)^2$,$a_i$ 表示训练后的输出值。在 LM 算法中,训练的过程主要是为了使 $F = SSE$ 达到最小。而在自动归一化算法中,人为地引入一项各权值的平方和 EW,使得 $F = \beta SSE + \alpha E_W$,怎样确定 α 和 β,并在此基础上使得 F 最小是关键的问题。

2) 典型寒区隧道冻结长度预测

对于典型气候寒区隧道的抗冻防冻问题,设计人员亟需能够准确预估隧道建成后冻结长度的方法。应用神经网络非线性拟合的强大功能,构建典型气候条件下,不同断面大小、不同隧道长度、不同埋深等条件下隧道长期冻结长度的拟合公式,可为科研和工程人员提供技术支持。

(1) 单线铁路隧道冻结长度预测

以牡丹江地区的单线隧道冻结长度公式拟合为例。影响隧道冻结长度的因素可定为:隧道长度 x_1、隧道直径 x_2、列车对数 x_3、列车速度 x_4 和隧道埋深 x_5。若将冻结长度表示为 L,隧道长度、隧道直径、列车对数、列车速度和隧道埋深的不同取值表示为 $x_{1,j},x_{2,j},x_{3,j},x_{4,j}$ 和 $x_{5,j}$,则它们的关系可用函数表达为:

$$L = f(x_1,x_2,x_3,x_4,x_5) \tag{5-4}$$

对于拟合问题,采用单个隐层的神经网络就能取得较好的拟合效果,设置了不同数量的隐藏层节点。在反复试验的基础上,隐层应该有 7 个节点,7 个神经元得到最佳逼近。输入层设置 5 个节点,传递信号由 5 个自变量组成:隧道长度、隧道直径、列车数量、列车速度和隧道埋深。输出层由 1 个节点表示,传递的值为因变量,即隧道冻结长度。为了避免神经网络模型出现过适配、泛化能力不足的问题,利用 Bayesian 正则化算法对 Levenberg-Marquardt 算法改进而形成自动归一化算法,采取自动归一化算法进行神经网络的训练可以得到泛化能力较高的网络模型(图 5-9)。

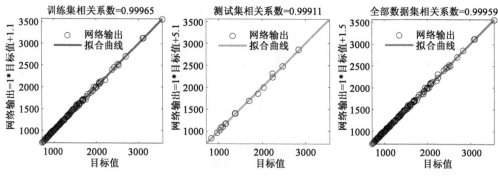

图 5-9 人工神经的相关系数

回归相关系数接近 1,表明隧道长度、隧道直径、列车数量、列车速度和隧道埋深这五个自变量可以很好地解释隧道的冻结长度。通过提取神经网络中的权值和阈值,可以得到单线隧道冻结长度 L 的计算公式:

$$L = 2(L^* + 1)(L_{i\max} - L_{i\min}) + L_{i\min} \tag{5-5}$$

其中

$$L^* = \begin{bmatrix} -0.5977 \\ -0.4536 \\ 0.2443 \\ 1.5107 \\ -0.5090 \\ -1.1523 \\ -0.7798 \end{bmatrix}^T \text{tansig} \times \left(\begin{bmatrix} 0.4554 & -0.0022 & 0.0432 & -0.0691 & -0.0623 \\ -0.1223 & 0.1030 & 0.9039 & 0.3294 & -0.1099 \\ 0.9148 & 0.0408 & 0.0779 & 0.0537 & -0.2815 \\ 0.4794 & 0.1284 & 0.4089 & 0.0149 & -0.2097 \\ 0.4917 & -0.2741 & -0.4757 & -0.0628 & 0.2611 \\ -0.6244 & -0.0163 & 0.3837 & 0.0936 & -0.0123 \\ 0.2515 & 0.0016 & -0.7101 & -0.2234 & -0.0244 \end{bmatrix} \begin{bmatrix} x_1^* \\ x_2^* \\ x_3^* \\ x_4^* \\ x_5^* \end{bmatrix} + \right.$$

$$\left. \begin{bmatrix} -0.1859 \\ -0.3132 \\ 0.1949 \\ -1.1392 \\ 0.6799 \\ -1.2131 \\ 0.5545 \end{bmatrix} \right) + 0.0972$$

$$L_{i\min} = \min\{L_{i,1}, L_{i,2}, \cdots, L_{i,j}\}$$

$$L_{i\max} = \max\{L_{i,1}, L_{i,2}, \cdots, L_{i,j}\}$$

$$\text{tansig}(x) = \frac{2}{1+e^{-2x}} - 1$$

$$x_i^* = \frac{x_i - x_{i\min}}{2(x_{i\max} - x_{i\min})} - 1$$

$$x_{i\min} = \min\{x_{i,1}, x_{i,2}, \cdots, x_{i,j}\} \ (1 \leqslant i \leqslant 5, 1 \leqslant j \leqslant 106)$$

$x_{i\max} = \max\{x_{i,1}, x_{i,2}, \cdots, x_{i,j}\} \ (1 \leqslant i \leqslant 5, 1 \leqslant j \leqslant 106)$。人工神经网络示意图如图 5-10 所示。

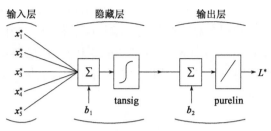

图 5-10 人工神经网络示意图

在东北牡丹江地区或气候条件相似地区的隧道设计阶段,可根据隧道施工条件和预测公式计算隧道预计冻结长度,为设计人员预测隧道冻结范围提供较准确的参考。

以隧道水力直径 7.51m,隧道埋深 500m,隧道长度 5000m,列车对数 20 对,列车速度 200km/h 为基准,每次改变一个自变量的值,作出因变量冻结长度随单个自变量改变的曲线如图 5-11 所示。分析可知,在东北牡丹江单线隧道中,冻结长度与隧道埋深呈负相关关系,与隧道水力直径、隧道长度、列车对数和列车速度呈正相关关系。

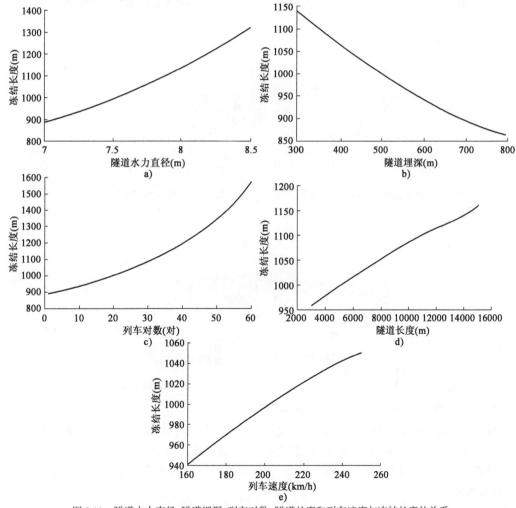

图 5-11 隧道水力直径、隧道埋深、列车对数、隧道长度和列车速度与冻结长度的关系

图 5-12 ~ 图 5-14 分别表示在隧道埋深 500m，列车速度 160km/h、200km/h 和 250km/h 时，不同当量直径、隧道长度和列车对数对隧道冻结长度的影响。图中 6 个不同的曲面代表了不同的隧道当量直径 7.0m、7.2m、7.4m、7.6m、7.8m、8.0m。在已知拟设计隧道的当量直径、每天的列车对数和隧道长度时，可以立刻读出预测的冻结长度。限于数据可视维度的限制，只能表示出三个维度的自变量。

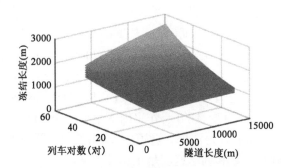

图 5-12　列车速度 160km/h 时，不同当量直径、隧道长度和列车对数对隧道冻结长度的影响

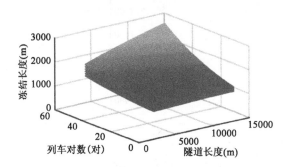

图 5-13　列车速度 200km/h 时，不同当量直径、隧道长度和列车对数对隧道冻结长度的影响

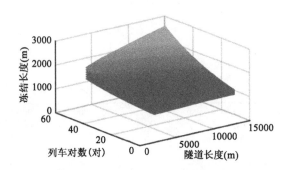

图 5-14　列车速度 250km/h 时，不同当量直径、隧道长度和列车对数对隧道冻结长度的影响

(2) 双线铁路隧道冻结长度的神经网络预测

对牡丹江地区的双线隧道冻结长度公式进行拟合，影响隧道冻结长度的因素可定为：隧道长度 x_1、隧道直径 x_2、列车对数 x_3、列车速度 x_4 和隧道埋深 x_5。若将冻结长度表示为 L，隧道长度、隧道直径、列车对数、列车速度和隧道埋深的不同取值表示为 $x_{1,j}$，$x_{2,j}$，$x_{3,j}$，$x_{4,j}$ 和 $x_{5,j}$，则它们的关系可用函数表达为：

$$L = f(x_1, x_2, x_3, x_4, x_5)$$

人工神经的相关系数如图5-15所示。

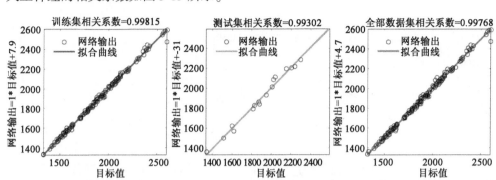

图5-15 人工神经的相关系数(双线)

训练并提取网络的权值和阈值,形成的双线隧道冻结长度公式中的 L^* 如下。

$$L^* = \begin{bmatrix} -0.5687 \\ -0.4857 \\ -0.4461 \\ 0.8426 \\ 0.6804 \\ -0.6155 \\ -0.4163 \end{bmatrix}^T \text{tansig} \times \begin{bmatrix} -0.1237 & -0.0554 & 0.1352 & -0.0654 & 0.4870 \\ 0.6818 & 0.2969 & 0.1503 & -0.5449 & 0.0097 \\ 0.0566 & -0.4287 & 0.3616 & 0.2058 & 0.0007 \\ 0.5510 & 0.2417 & 0.6134 & -0.2792 & -0.1402 \\ -0.2265 & -0.1363 & -0.9707 & -0.0669 & 0.1399 \\ 0.4356 & -0.1566 & -0.5697 & -0.3659 & 0.2682 \\ 0.1905 & 0.1060 & -0.4622 & 0.0220 & 0.3630 \end{bmatrix} \begin{bmatrix} x_1^* \\ x_2^* \\ x_3^* \\ x_4^* \\ x_5^* \end{bmatrix} +$$

$$\begin{bmatrix} 0.5014 \\ -0.5710 \\ 0.3830 \\ -0.1529 \\ -0.2380 \\ 0.6090 \\ 0.0457 \end{bmatrix} + 0.5050$$

以隧道水力直径9.2m,隧道埋深500m,隧道长度5000m,列车对数20对,列车速度200km/h为基准,改变一个自变量的值,作出因变量冻结长度随单个自变量改变的曲线,如图5-16所示。可知,在东北牡丹江地区单线隧道中,冻结长度与隧道埋深呈负相关关系,与隧道水力直径、隧道长度、列车对数和列车速度呈正相关关系。

图5-17~图5-19分别表示在隧道埋深500m,列车速度160km/h、200km/h和250km/h时,不同当量直径、隧道长度和列车对数对隧道冻结长度的影响。图中6个不同的曲面代表了不同的隧道当量直径9.0m、9.2m、9.4m、9.6m、9.8m、10.0m。在已知拟设计隧道的当量直径、每天的列车对数和隧道长度时,可以立刻读出预测的冻结长度。限于数据可视维度的限制,只能表示出三个维度的自变量。

用训练的神经网络模型开发一个能够快速在不同工况下的牡丹江地区计算冻结长度的软件TFLC。在软件中输入隧道长度、等效水力直径、列车对数、列车速度和隧道埋深,然后选择单线或者双线隧道,即可得出最后的预测冻结长度结果。预测步骤及输入参数如图5-20、表5-7所示。

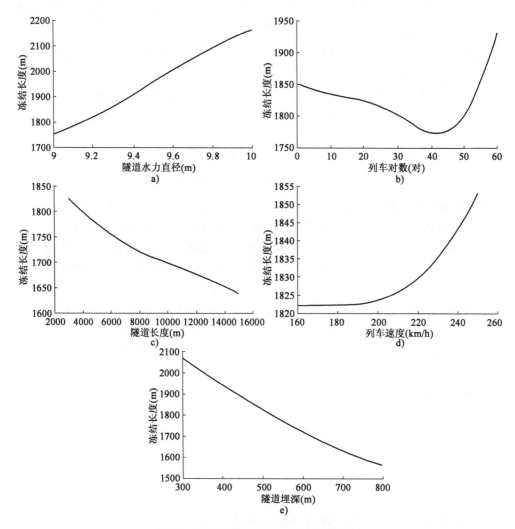

图 5-16 双线隧道冻结长度随单个变量的变化

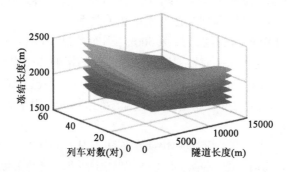

图 5-17 速度 160km/h（双线），不同当量直径、隧道长度和列车对数对隧道冻结长度的影响

第 5 章　寒区隧道防寒抗冻设防长度研究

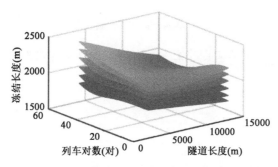

图 5-18　速度 200km/h（双线），不同当量直径、隧道长度和列车对数对隧道冻结长度的影响

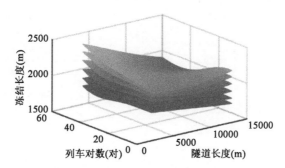

图 5-19　速度 250km/h（双线），不同当量直径、隧道长度和列车对数对隧道冻结长度的影响

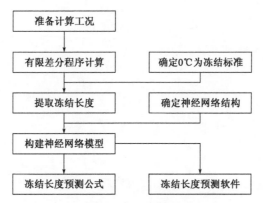

图 5-20　隧道冻结长度预测步骤

隧道冻结长度预测的计算软件输入参数　　　　　　　表 5-7

序号	输入/输出	参　　　数	说　　明
1	输入	The length of the tunnel(m)	隧道长度
2		Equivalent diameter(m)	当量直径
3		Pairs of trains(pairs/day)	列车对数
4		Train speed(km/h)	列车时速
5		Buried depth of tunnel(m)	隧道最大埋深
6		Type of line in tunnel	单线/双线隧道
7	输出	Output freezing length(m)	预测冻结长度

125

本章参考文献

[1] 周小涵.寒区隧道围岩与风流的对流—导热耦合作用及其应用研究[D].成都:西南交通大学,2017.

第6章 寒区隧道防寒抗冻设计及工程应用

6.1 寒区隧道防寒抗冻设计

1) 寒区隧道防寒抗冻设计原则

(1) 地下水作用是隧道冻害发生的必备条件,寒区隧道位置宜选择在地下水水位较低、储水构造较少且对冻胀敏感性较低的地层。

(2) 实践表明,寒区隧道洞口段受环境温度影响大,洞口应设置抗冻设防段,抗冻设防段结构应考虑冻胀作用及温度应力的影响。

(3) 寒区隧道洞口抗冻设防范围的确定,需考虑隧道运营阶段自然风、机械通风和列车活塞风等对隧道温度场的长期影响。

(4) 隧道的防排水设计除遵循"防、排、截、堵结合,因地制宜,综合治理,保护环境"的原则外,还应结合项目的气候条件、工程与水文地质、环境条件等影响因素,遵循"防寒可靠、排水通畅、施工方便、维护易行"的原则,采取切实可靠的设计、施工措施,对地表水与地下水进行妥善处理,使洞内外形成一个完整、可靠、通畅的防排水系统,达到初期支护基本不渗水、初期支护与二次衬砌间不积水、二次衬砌不浸水及排水系统不冻结的状态,确保隧道工程安全、可靠、耐久。

2) 寒区隧道支护结构设计

(1) 围岩注浆

水是隧道发生冻害的必备条件,围岩注浆可截断渗流水路径,防治冻害的发生。当隧道洞口地层松散、透水性较强时,或隧道洞口位于浅埋沟谷等易形成汇水、储水的地段时,冬季隧道内形成冻害的可能性将大大增加,采用以"防寒堵水"为主要目的的径向注浆或超前注浆,可以在隧道初期支护外侧的围岩体中构建封闭的防渗圈,减少地下水向隧道的入渗,从而降低隧道冻害风险。

防渗圈的范围可按承受外部静水压力设计,一般裂隙地段防渗圈的范围按 0.2~0.5 倍隧道开挖跨度考虑。在设计中,应根据隧道长期温度场分布情况,在隧道洞口一定范围内土层及全风化层拱墙初期支护背后采用径向注浆堵水。

(2) 初期支护抗冻设计

相关研究发现,在冻融循环作用下,喷射混凝土结构表面剥蚀严重,抗压强度和劈裂强度等力学性能指标均有一定程度的降低,且微观状态下喷射混凝土内部的孔隙率进一步增加,水化物变得酥松、劣化,裂缝宽度增大,导致结构承载能力逐渐下降,但由于喷射混凝土结构本身内部形成的封闭球状气泡隔断了混凝土体内渗水的毛细通道,可有效地缓解冻胀压力和渗透压力对硬化水泥基体的破坏。因此,喷射混凝土的抗冻性优于模筑混凝土。

此外,喷射混凝土加筋不利于初期支护抗冻,寒区隧道宜在采取围岩注浆等措施加固改良地层并减少地下水入渗的前提下,适当减小初期支护的设计刚度,且初期支护喷混凝土时宜减少钢筋网的使用,设计钢架时宜采用格栅钢架。

(3) 二次衬砌

二次衬砌应采用抗裂、防渗、抗冻的低温早强高性能防水混凝土,二次衬砌混凝土抗渗等级不得低于 P10,抗冻等级不得小于 F300。

二次衬砌应加强"三缝"处理,除应符合一般隧道规定的防水设防要求外,宜增设一道防水措施,采用组合形式的防水构造。隧道二次衬砌施工缝、沉降缝、伸缩缝是防水的薄弱部位,应尽量避开地下水集中出露处,可在常规防水设计的基础上增设一道防水措施形成组合防水构造。如:施工缝宜采用背贴式止水带与中埋式缓膨胀性橡胶止水条组合形式防水构造,沉降缝宜采用背贴式止水带与中埋式橡胶止水带组合形式防水构造。

在初期支护及二次衬砌之间应设置防水板及无纺布,防水板的厚度不小于 1.5mm,接缝搭接长度不小于 200mm,分段铺设的防水板的边缘部位应预留至少 250mm 的搭接余量,无纺布单位面积质量不小于 $350g/m^2$。防水板搭接缝应与衬砌施工缝错开不小于 80cm。

(4) 保温层

采用保温层保温是预防寒区隧道冻害的有效措施之一,通过对隧道洞口段、地下水丰富的节理密集带及构造带等地段设置保温层,缓解冬季隧道周边温度较高的围岩与隧道内的冷空气发生剧烈热交换,降低衬砌或围岩的温度变化幅度,防止冬季隧道冻胀并确保排水系统不冻结,以达到防止冻害发生的目的。对于多年冻土隧道,设置保温层的主要目的是防止隧道周边多年冻土圈的融化;对于季节性冻土隧道,设置保温层的主要目的则是减小隧道周边的冻结范围或防止隧道周边发生冻结。

该方法通常有两种方式:一是在隧道二次衬砌结构的表面设置保温层;二是在隧道初期支护与二次衬砌之间设置保温层。从对围岩的保温方面来讲,两者效果接近。在初期支护与二次衬砌之间设置保温层,无法兼顾对二次衬砌本身的保温作用。

隧道保温层的材料应具有较低的导热系数、足够的抗压强度、吸水率低或不吸水,并具有良好的化学稳定性及耐久性等特点。

3) 寒区隧道防排水系统

(1) 保温侧沟

保温水沟一般适用于冬季衬砌背后不会出现负温的状态,隧道周边的地下水通过边墙处侧沟的泄水孔进入洞内后,在采取保温措施后可通过浅埋方式(即水沟埋置深度小于隧道内的最大冻结深度)设置的水沟引排,达到冬季水流不冻结的目的。

保温水沟一般采用侧沟式或中心埋置式,其结构形式应结合隧道衬砌断面设计。

(2) 深埋中心水沟

深埋中心水沟一般适用于冬季衬砌背后会出现负温的状态,但围岩冻结深度不大于 2.5m,隧道周边的地下水可通过渗水盲沟系统或重力下渗作用,并经设置于隧道结构下方的深埋中心水沟引排,从而达到冬季不冻结的目的。

深埋中心水沟是将水沟的流水面埋置于洞内的冻结深度以外,可确保冬季水沟流水不冻结的排水设施,为满足最大冻结深度的要求,深埋中心水沟设置在隧道仰拱或底板以下,其管径可根据隧道出水量计算确定。寒区公路隧道防冻设防段宜将衬砌背后环向排水管直通路面下的中心排水沟,纵向排水管经三通向横向排水管汇水,避免因纵向排水管封冻而使整个环向排水系统不畅。

当隧道水量大、深埋中心水沟排水困难时,可采用防寒泄水洞。

(3)防寒泄水洞

防寒泄水洞一般适用于冬季衬砌背后会出现负温的状态,且围岩冻结深度大于2.5m,隧道周边的地下水通过渗水沟系统或重力下渗作用并经过设于隧道结构下方的防寒泄水洞引排后,可达到冬季流水不冻结的目的。当地下水水量大,通过保温中心水沟及深埋中心水沟排水能力无法满足要求时,可通过设置防寒泄水洞进行排水。

防寒泄水洞的埋置深度一般根据当地围岩的最大冻结深度并考虑泄水洞与正洞施工的相互影响关系、排水效果等影响因素综合确定。防寒泄水洞一般应满足超前正洞施工的要求,并可兼做隧道正洞的超前导洞预报正洞前方的工程地质和水文地质情况,为正洞的安全施工提供适当的参考。泄水洞可采用钻爆法或掘进机法施工,一般均设置衬砌。此外,为满足排水要求,泄水洞与正洞的净距不能太大,施工过程中不可避免地存在一定程度的相互干扰,泄水洞及正洞开挖均应采取控制爆破措施,控制爆破振速,保证正洞及泄水洞的安全。防寒泄水洞断面净空尺寸应根据工程地质、水文地质、施工机械设备等综合确定。

6.2 工程应用1:成兰铁路王登隧道

1)隧道简介

成兰铁路起于成都市青白江区,经什邡市、绵竹市、安县、茂县、九寨沟县、松潘县,在甘肃省内接正在建设的兰渝铁路哈达铺站,哈达铺至兰州段与兰渝铁路共线。

成兰铁路王登隧道位于四川省阿坝藏族羌族自治州松潘县,所在地属中山剥蚀地貌,沟谷纵横,地形起伏较大。地面高程2820~3080m,相对高差50~150m,地势左低右高,自然横坡10°~45°,局部稍陡,岷江位于线路左侧。段内斜坡地段覆土较厚,局部冲沟里有零星基岩裸露,植被较差,局部平缓处被垦为旱地。大多数斜坡有异常,稳定性差。区内有国道G213公路及乡村便道相通,交通条件方便。当地的不良地质为活动断裂、泥石流沟;特殊岩土为松潘黄土、季节性冻土等。

根据四川省阿坝藏族羌族自治州松潘县的气候资料可以看到,每年的12月、次年1月和2月的月平均气温都在0℃以下。区域内各地降水分布不均,但干雨季分明,雨季降水量占全年降水量的72%以上,多年平均气温5.7℃,年极端最低气温为-21.1℃,多年平均降水量720mm。地质资料表明,王登隧道区域存在季节性冻土,对隧道的抗防冻研究是有必要的。

翻查了我国部分地区恒温层的相关参数,参考四川省阿坝藏族羌族自治州松潘县的相关资料,王登隧道恒温层的温度为6.2℃,恒温层厚度为20~30m。增温层的温度梯度取3℃/

100m。根据相关研究和王登隧道的埋深（纵向埋深图如图 6-1 所示），变温层深度取为 30m，恒温层深度取为 25m，增温层的温度梯度取为 3℃/100m，计算得到各隧道沿纵向的原始地温图如图 6-2 所示。

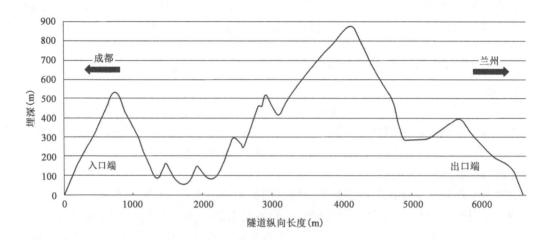

图 6-1　王登隧道纵向埋深图

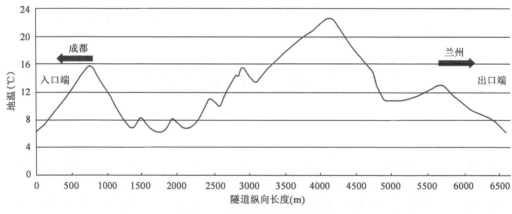

图 6-2　王登隧道纵向原始地温图

根据松潘地区的水文气象资料和相关规范，考虑最不利影响因素，取自然风速 2m/s，全长不铺设保温层，计算断面面积 108.77m²，湿周 37.80m，隧道当量直径 11.5m。入口风流温度采用近 20 年隧道入口端气温拟合函数。

隧道内列车运营资料：正常运营后，行车间隔 20～30min，设计行车速度 120km/h，每日的交通量为 24 对，1 对/h，即每半小时通过 1 列火车。根据列车的不同行驶方向简化为以下三种不同工况的列车运营图。

运营工况一：列车单向行驶，所有的列车均有隧道入口驶向出口方向；隧道受自然风及正向（与自然风方向一致）活塞风作用。工况一列车运营图如图 6-3 所示。

运营工况二：列车单向行驶，所有的列车均由隧道出口驶向入口方向；隧道受自然风及反向（与自然风方向相反）活塞风作用。工况二列车运营图如图 6-4 所示。

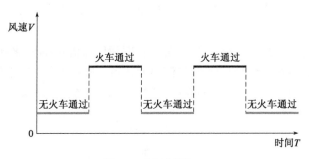

图 6-3　列车运营图一

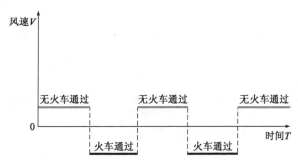

图 6-4　列车运营图二

运营工况三：相邻列车的行驶方向交替变化；隧道受自然风及方向交替变化的活塞风作用。工况三列车运营图如图 6-5 所示。

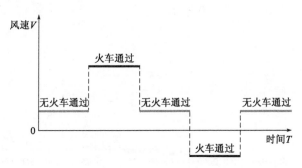

图 6-5　列车运营图三

认为自然风方向始终由隧道入口→出口，取火车运营速度 120km/h，根据《铁路隧道运营通风设计规范》(TB 10068—2010)，计算得到自然风影响下隧道内的活塞风如表 6-1 所示。

列车活塞风计算　　　　　　　　　　　　　　　表 6-1

客　　车	活塞风(m/s)	货　　车	活塞风(m/s)
与自然风方向一致	8.66	与自然风方向一致	6.13
与自然风方向相反	8.30	与自然风方向相反	5.13

2）温度场分析

自然风与活塞风作用下隧道壁后围岩不同纵向节点温度分布图如图 6-6 所示。可以看出：

(1)当风流温度 T_f 呈周期性变化,在距离壁面一定范围内的围岩,其温度变化也以相同的周期波动。

(2)如图6-6所示,隧道入口60m处的围岩温度和风流温度的变化规律很接近,表现出随风流温度周期性变化的规律,且变化周期和风流温度相当。随着与入口的距离增大,隧道围岩受周期性气温的影响减弱,振幅变小,相位相对滞后;且随着时间的增长,振幅逐渐衰减,相位滞后更大。

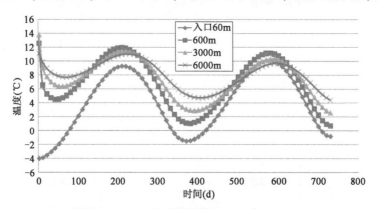

图6-6 自然风与活塞风作用下隧道壁后围岩不同纵向节点温度分布图

根据计算,隧道通风20年后,隧道纵向岩温小于0℃的最大长度为480m左右,出现在隧道入口段。为了研究保温层的铺设对隧道围岩温度的影响,在入口段铺设900m的保温层,在出口段铺设150m保温层,保温层厚度0.04m。

第6940~7030天、第7040~7130天、第7140~7230天、第7240~7300天隧道衬砌背后节点温度随时间变化图如图6-7~图6-10所示。

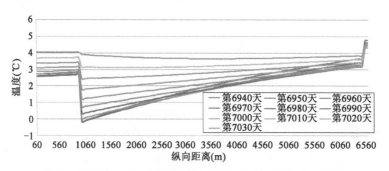

图6-7 第6940~7030天隧道初期支护背后节点温度随时间变化图

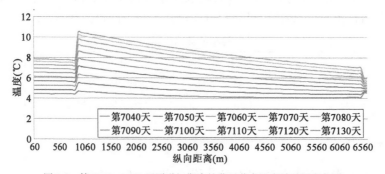

图6-8 第7040~7130天隧道初期支护背后节点温度随时间变化图

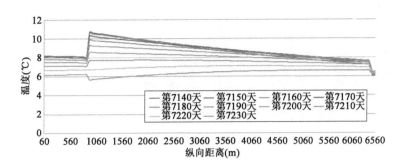

图 6-9　第 7140～7230 天隧道初期支护背后节点温度随时间变化图

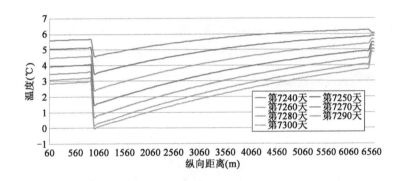

图 6-10　第 7240～7300 天隧道初期支护背后节点温度随时间变化图

由图 6-7～图 6-10 可以看出,在季节性风流温度作用下,隧道围岩温度随着季节性风流温度的变化而发生周期性的变化。当隧道内围岩温度低于同期吹入风流的温度时,隧道全长出现整体降温的过程,反之出现整体升温的过程。围岩温度的变化过程相对风流温度的变化过程要滞后一些。隧道围岩温度整体保持在 0℃以上,只有保温层末端局部出现 0℃以下岩温的情况。

在铺设 900m 保温层的末端附近会出现一个温度骤变。这是由于铺设的保温层阻止了围岩向空气传热,导致冷空气向洞内蔓延,降低了洞内围岩的温度,即冻害位置发生转移。同时可以看到,在季节性风流作用下,当风流温度高于隧道围岩温度时,保温层末端附近有一个温度陡升。这是因为保温层阻止了空气向围岩传热,导致热空气向洞内蔓延,升高了洞内围岩的温度。所以在设置保温层时,应该注意冻害转移问题。

6.3　工程应用 2:川藏铁路孜拉山隧道温度场预测

1)隧道简介

新建川藏铁路孜拉山隧道位于西藏自治区贡觉县,平均海拔为 3200m,隧道全长约 30415m,为双洞单线铁路隧道,单个隧道断面净空当量半径为 3.76m,列车设计速度 200km/h。隧道入口端为金沙江方向,出口端为昌都方向。孜拉山隧道纵断面图如图 6-11 所示。

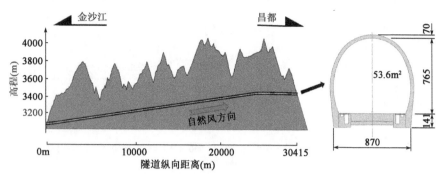

图 6-11 孜拉山隧道纵断面图(尺寸单位:cm)

2) 气候地质

洞口地区年平均气温 7.7℃,极端最高 28℃,极端最低 -25.4℃,隧道进出口段表层土含水率较高,易在冬季形成季节性冻土,需要考虑隧道洞口段冻害的防治。根据该区域全年月平均气温气象资料,拟合隧道入口风流温度随时间变化的函数,$T_\mathrm{f} = 4.5 + 14\sin\left(x\pi\dfrac{2}{365} + 5.45\pi\right)$℃,如图 6-12 所示。

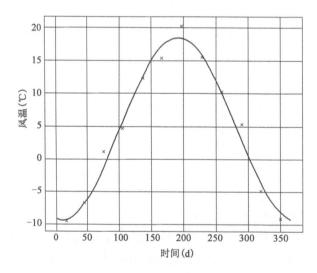

图 6-12 孜拉山隧道周期性入口风温

根据孜拉山隧道的地勘资料,受区域构造影响,测区基岩节理裂隙发育,基岩裂隙水主要分布于花岗岩、片麻岩地层,岩性以花岗岩、片麻岩为主。当地地温平均梯度 3.7℃/100m,隧道埋深最大处温度 68.9℃。根据地勘资料钻孔综合测井的数据及地温变化规律,拟合得到孜拉山隧道的原始地温曲线,如图 6-13 所示。

由原始地温曲线可知,隧道洞身地温超过 28℃ 的地层占隧道总长的 97%。孜拉山隧道洞身段地温超过 50℃ 的段落长度将近 12km,隧道洞身段地温很高,在运营阶段,隧道在外界风流吹入的情况下,隧道温度场发生变化,高的原始岩温有不断的地热补充,隧道温度场将呈现出与非高地温隧道不同的特点。

第6章 寒区隧道防寒抗冻设计及工程应用

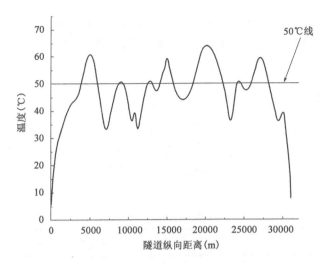

图 6-13 孜拉山隧道原始地温曲线

空气与洞壁的对流换热系数取：$h = 3.06v + 0.035\Delta t + 9.55 [\text{W}/(\text{m}^2 \cdot \text{℃})]$，根据地勘资料和相关文献，各介质材料参数取值见表 6-2。

孜拉山隧道围岩及结构热物理参数表　　表 6-2

材料类型	厚度(m)	密度(kg/m³)	恒压比热容[J/(kg·℃)]	导热系数[W/(m·℃)]
围岩	—	2600	785	2.95
初期支护	0.25	2500	1046	1.74
二次衬砌	0.45	2500	1046	1.74
空气	—	1.2	1005	—

3) 行车通风计算工况

根据《铁路隧道运营通风设计规范》(TB 10068—2010)，自然风风速取 1.5m/s，隧道内风向保持不变，由入口吹向出口。

列车产生活塞风应用单线隧道列车活塞风风速计算公式进行计算：

$$v_\mathrm{m} = v_\mathrm{T} \frac{-1 + \sqrt{1 + \left(\frac{\xi_\mathrm{m}}{K_\mathrm{m}} - 1\right)\left(1 \pm \frac{\xi_\mathrm{n} v_\mathrm{n}^2}{K_\mathrm{n} v_\mathrm{T}^2}\right)}}{\frac{\xi_\mathrm{m}}{K_\mathrm{m}} - 1} \tag{6-1}$$

式中变量含义同式(4-3)。

将自然风与不同的行车方式组合，得到以下三种隧道运营工况，分别在运营通风条件下进行传热计算共 20 年，预测在周期性入口风温及活塞风作用下隧道围岩及衬砌温度场分布规律。

工况 A：单向行车（自然风与行车方向一致），活塞风大小为 9.5m/s；
工况 B：单向行车（自然风与行车方向相反），活塞风大小为 -9.5m/s；
工况 C：双向行车（单向通风）。

4）运营阶段动态温度场分布规律

运营通风计算工况表如表 6-3 所示，根据计算工况中不同的列车行驶方向，分别取运营通风 1 年、5 年、10 年、15 年及 20 年时温度场数据，对径向距隧道壁面 0.7m、7.7m、17.7m、27.7m 及 37.7m 五个位置的围岩温度沿隧道纵向变化情况进行分析，结果如图 6-14～图 6-16 所示。

运营通风计算工况表　　表 6-3

工　况	自然风风速（m/s）	列车行车方式	列车活塞风风速（m/s）	行车密度（对/d）
A	1.5	单向行车（自然风与行车方向一致）	10.08	29
B	1.5	单向行车（自然风与行车方向相反）	-9.78	29
C	1.5	双向行车	10.08 和 -9.78	29

由图 6-14～图 6-16 得到以下规律：

(1) 隧道开通运营后，由于自然风及列车活塞风的影响，打破了原始温度场的平衡状态，随着通风时间的增加，围岩温度整体呈下降趋势，其整体的分布规律与原始岩温分布趋于一致。在距壁面越近处，由于与隧道内风流热交换作用更直接和强烈，其围岩温度的分布曲线沿纵向趋于光滑，分布趋势与洞内温度更为接近。

(2) 围岩温度往径向深处不断增大并趋于原始围岩温度。在个别原始岩温很低的区域，例如距隧道入口 23km 左右处出现了某些时刻深部围岩温度低于近处围岩温度的情况，这是由于该处隧道埋深较浅，原始围岩温度只有 35℃ 左右，而附近纵向高温段围岩温度可达 50℃ 以上，温差超过 15℃。小里程高温段围岩加热隧道内风流，高温风流流经低温围岩段，将热量传递给低温围岩，其传热方向与高温原始岩温段相反。这种现象称为"寒区高地温隧道低原始地温段的温度突变效应"。

(3) 由于低温自然风由入口端（金沙江端）吹入，三种工况下入口围岩温度都低于出口端（昌都端）围岩温度。工况 B 与工况 C 在靠近出口处围岩温度明显降低，是因为两种工况都有反向列车活塞风的作用。计算通风 20 年，对距壁面 0.7m 处围岩进行分析，在入口端 1000m 范围内，工况 A、B、C 的年平均温度分别为 5.36℃、7.04℃、6.77℃。而在出口处 1000m 范围内，工况 A、B、C 的年平均温度分别为 23.43℃、20.81℃、18.03℃。各工况最冷天出入口温差分别是 25.53℃、4.34℃、10.68℃,这说明自然风的持续作用使得入口段和出口段的温度分布有明显区别,而反向的列车活塞风不容忽视,反向的列车活塞风将对隧道出口段的温度场产生强烈的影响。

(4)三种工况在距隧道入口处出现不同长度范围的"负温区域",且"负温区域"随着通风时间的增加范围不断扩大。由于工况 A 没有反向风流作用,入口段的"负温区域"范围明显大于工况 B 与工况 C。

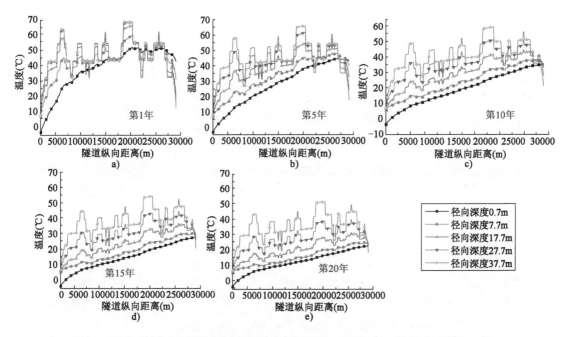

图 6-14 径向不同节点处沿隧道纵向围岩温度变化(工况 A:通风 1 年、5 年、10 年、15 年、20 年)

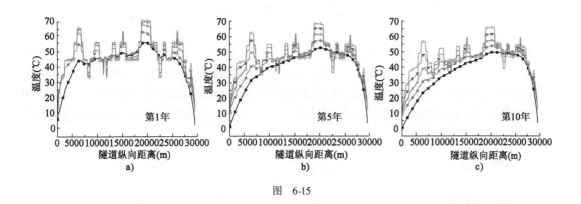

图 6-15

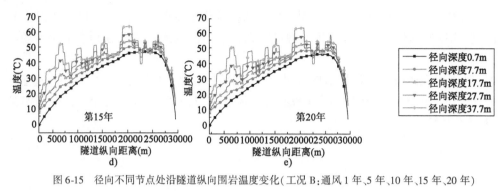

图 6-15 径向不同节点处沿隧道纵向围岩温度变化(工况 B:通风 1 年、5 年、10 年、15 年、20 年)

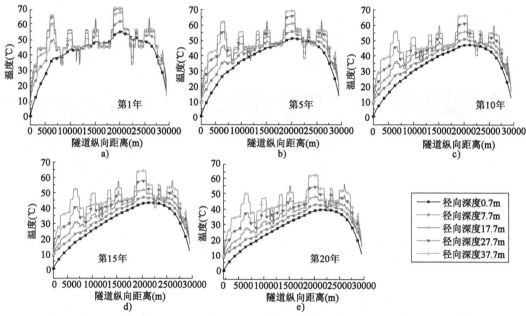

图 6-16 径向不同节点处沿隧道纵向围岩温度变化(工况 C:通风 1 年、5 年、10 年、15 年、20 年)

6.4 工程应用3:白和铁路南山隧道

隧道温度场的计算预测不仅对寒区隧道施工前的抗防冻设计有重要的指导意义,对于隧道运营后的冻害治理也有借鉴作用。当寒区大规模基础设施建设周期结束后,我们在运营养护阶段将会遇到越来越多的疑难问题,寒区隧道的冻害治理就是其中重要的一类。本章应用考虑通风影响的隧道温度场有限差分计算软件 TTCS,对季节性冻土区隧道的温度场进行计算分析,并与现场调研进行对比。

1)隧道简介

白和线南山隧道(图6-17)位于沈阳局白和线(白河—和龙)的枕头峰—十里坪站间,隧道的中心里程为 K72+711,全长 7566m,断面式样为曲墙式,拱圈材料为钢筋混凝土,隧道内线路为直线 9.5‰下坡,钢筋混凝土整体道床,双侧排水沟。

2009年2月发现隧道内K69+205～K69+225发生不同程度冻害,其中K69+215处最大冻深高达40mm,从白河侧洞口K69+928～K70+100排水沟全部冻死。受整体道床限制,冻害将对正常行车造成严重影响。2009年冬季,该隧道入口处最大冻结长度为自隧道入口起长约1472m,出口处最大冻结长度为自隧道出口起长约200m。

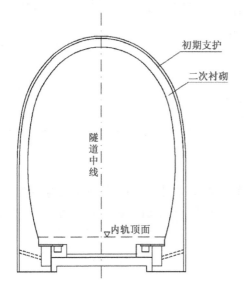

图6-17　南山隧道断面图(尺寸单位:cm)

(1)工程地质及水文地质

隧道围岩岩性主要为华力西晚期花岗闪长岩($\gamma 43$),岩石表层风化较深。地下水为第四系孔隙潜水,主要含水层为砂类土、碎石类土,含水层厚度一般为2～6m,地下水位在地面下0.5～2.0m,水位受季节性影响变化较大,升降幅度1～3m,地下水主要接受大气降水及地表水补给。

(2)隧道排水系统

①隧道内设双侧保温排水沟。采用双层盖板,新型聚氨酯泡沫保温;双层排水沟总深70cm,宽35cm。排水沟盖板顶面与内轨顶面高差为26cm,排水沟外侧壁距整体道床内侧壁50cm。保温水沟位置及长度:洞内按高洞口端400m,低洞口端450m设置。洞外用暗管(内径不小于50cm混凝土圆管)排水,出水口保温。

②隧道内侧壁设置GS-18聚乙烯复合防水板,防水板之间的搭接缝用爬行式焊接机进行焊接。

③二次衬砌背后设置纵、环向排水盲沟,盲沟采用透水式软管盲沟,盲管内径采用10cm。将水引至隧道内水沟排出。施工缝处根据地下水情况,采用外贴式止水带和遇水膨胀止水条止水。

④衬砌采用防水混凝土,抗渗等级为P8。

(3)气象特征

沿线属于中温带湿润大陆性季风气候区、冬季漫长而严寒多雪,夏季凉爽并低温多雨,雨季在6～7月。沿线最冷月平均气温-12.69～-12.1℃,按对铁路工程影响的气候区间属寒冷地区。沿线松江镇、和龙市主要气象要素(1995—2004年)如表6-4所示。

松江镇、和龙市主要气象要素　　　　表6-4

项　目	城　市	
	松江镇	和龙市
历年各月极端最高气温(℃)	34.9	36.2
历年各月极端最低气温(℃)	-41.4	-33.2
历年各月平均气温(℃)	2.8	5.96
历年最冷月平均气温(℃)	-12.1	-12.69
历年最热月平均气温(℃)	20.9	21.21
历年最大积雪深度(cm)	41	23

2)隧道温度场计算模型与计算参数

基于辽宁抚顺地区地层恒温层的温度,根据隧道埋深,参见图6-18,取变温层深度为30m,恒温层深度为25m,增温层的温度梯度3℃/100m,计算得到各隧道沿纵向的原始地温。

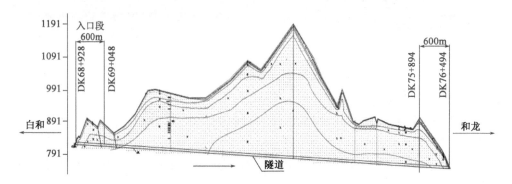

图6-18　南山隧道纵向断面图

实测隧道内平均自然风速2.5m/s,全长不铺设保温层,计算断面面积32.43m²,湿周21.76m,隧道当量直径5.96m。对流换热系数取17W/(m²·℃)。南山隧道围岩及结构热物理参数见表6-5。

南山隧道围岩及结构热物理参数表　　　　表6-5

材料类型	厚度(m)	密度(kg/m³)	恒压比热容[J/(kg·℃)]	导热系数[W/(m·℃)]
围岩	—	2400	850	2.5
初期支护	0.25	2500	1046	1.74
二次衬砌	0.45	2500	1046	1.74
空气	—	1.2	1005	—

根据南山隧道地区的气候资料,总结近10年间全年气温分布,取计算出入口风流温度周期性变化函数:$T_f = 5 + 22\sin\left(\dfrac{2\pi\tau}{365} - \dfrac{\pi}{2}\right)$。

在南山隧道运营期间,要求隧道通风装置排烟除尘效果良好,所以设置了机械通风,如图 6-19 所示,共设置了 10 台射流风机和 2 台轴流风机。经测试,隧道内的反向风流速度平均为 1.5m/s,在每次列车通过后开启 33min 机械通风。另外,隧道内列车运营工况为每天 3 对货车和 1 对客车,均为内燃机车,其运营工况如图 6-20 所示。

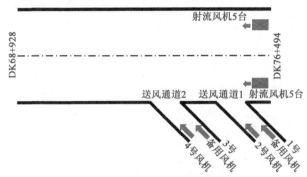

图 6-19 南山隧道机械通风设置图

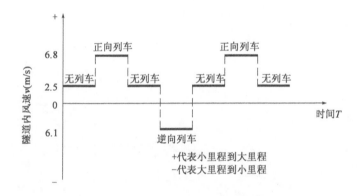

图 6-20 南山隧道列车运营工况

根据活塞风计算公式计算出正向和反向列车活塞风风速分别为 6.8m/s 和 6.1m/s。

3) 隧道运营温度场分析

选取 DK73+139 断面为例研究隧道横断面内温度变化规律,不同径向距离处围岩的温度随时间的变化如图 6-21 所示。为了对比机械通风和活塞风的影响,考虑和不考虑机械通风和活塞风的隧道纵向气流和衬砌背后节点温度分布如图 6-22 所示。实际运营工况下隧道不同径向点的温度随隧道纵向分布如图 6-23 所示。南山隧道围岩每年最大冻结长度随时间的变化趋势如图 6-24 所示。

由图 6-21 可知,隧道横断面内各点的温度变化趋势,径向离隧道越近,变化幅度越大,各点的变化规律与周期性风温相同,径向离隧道越远,其变化时间越滞后。

由图 6-22 可知,机械通风和列车活塞风对隧道温度场的影响不可忽视。具体,对于南山隧道而言,机械通风对其出口段和入口段的影响有相反的作用。这主要是因为机械通风和活塞风的方向对隧道内温度场有较大的影响。

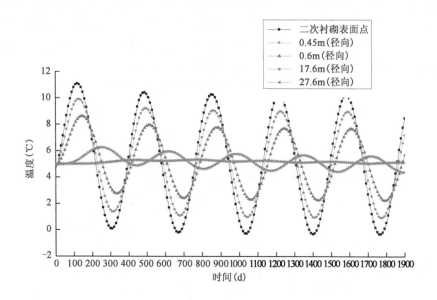

图 6-21　南山隧道 DK73+139 断面内不同径向点温度

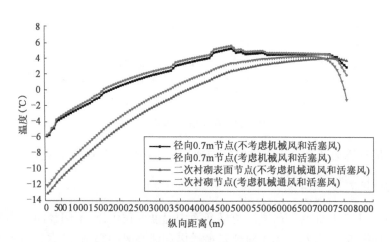

图 6-22　南山隧道纵向温度分布(计算 300d)

由图 6-23 可知,当以南山隧道实际运营工况计算时,受到隧道入口风温的影响,隧道围岩和衬砌的纵向温度有与入口风温相同的变化规律,但是变化时间有滞后。径向离隧道衬砌越远的围岩温度与计算原始围岩温度越接近。

由图 6-24 可知,运营通风第一年内的隧道最大冻结长度是 1440m,第二年增大到 1500m,而第二年以后都保持在 1500m 左右。而隧道内实际冻结长度和计算值符合良好。

另外,南山隧道温度场计算时逆风端的冻结长度为 350m 左右,和现场调研数据基本相符。

第6章 寒区隧道防寒抗冻设计及工程应用

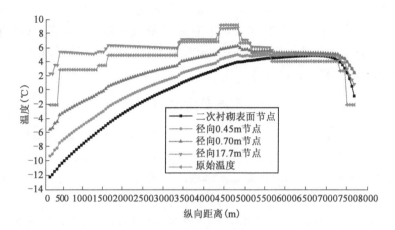

图6-23 南山隧道纵向温度分布(在实际运营工况下计算300天)

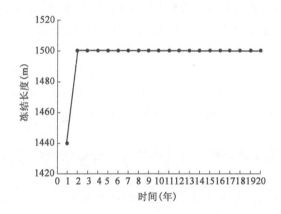

图6-24 南山隧道顺风端年最大冻结长度(围岩)

4)冻害整治

根据南山隧道的冻害情况,参考运营温度场计算结果,采取了初步的整治措施,包括:

(1)隧道进口双侧保温水沟长度由400m增加到1400m。

(2)在进口段800m范围内,双侧保温水沟和电缆顶部增设保温板,保温板单侧横向长80cm,厚度8cm,其上设置厚7cm的钢筋混凝土盖板。

(3)进口5m范围内的电缆槽用保温材料填塞密实。

(4)整体道床纵向沿隧道进口段800m范围内,电缆槽外侧0.5m范围内增设保温层,厚度5cm。

(5)对渗水的衬砌施工缝进行渗漏水处理,沿施工缝钻孔,孔深约10cm,间距20~30cm,后向孔中压注堵漏剂。

经过排水沟等的初步整治,在其次年的冬季,在气温异常偏低的情况下,隧道纵向排水沟冻害减短到600m左右,个别施工缝需重新处理。分析其原因,一是保温措施细节施工不足,二是南山隧道进口段气候异常及进口段250m范围内地下水丰富所致。

在进行了现场调研的基础上,决定采用电加热装置辅助防治隧道冻害。电加热装置系统包括:加热电缆、温度自动采集模块、视频录像模块、智能仪表温控模块等。实现了南山隧道进口段700m范围内排水沟自动加热、数据采集和监视功能。后期运营过程中发现排水沟安装有加热电缆的700m范围内没有冻害发生。

本章参考文献

[1] 杨针娘,刘新任,曾群柱,等.中国寒区水文[M].北京:科学出版社,2000.

[2] 吴紫汪,赖远明,臧恩穆,等.寒区隧道工程[M].北京:海洋出版社,2003.

[3] 中华人民共和国水利部.水工建筑物抗冰冻设计规范:GB/T 50662—2011[S].北京:中国计划出版社,2011.

[4] 肖广智.不良、特殊地质条件隧道施工技术及实例[M].北京:人民交通出版社股份有限公司,2015.

[5] 国家铁路局.铁路隧道设计规范:TB 10003—2016[S].北京:中国铁道出版社,2017.

[6] 中华人民共和国交通运输部.季节性冻土地区公路设计与施工技术规范:JTG/T D31-06—2017[S].北京:人民交通出版社股份有限公司,2017.

[7] 赵勇,等.隧道设计理论与方法[M].北京:人民交通出版社股份有限公司,2019.

[8] XH Zhou,YH Zeng,L Fan. Temperature field analysis of a cold-region railway tunnel considering mechanical and train-induced ventilation effects[J]. Applied Thermal Engineering,2016,100:114-124.

[9] 周小涵.通风对寒区隧道抗防冻的影响及合理设防范围研究[D].成都:西南交通大学,2012.

[10] 周小涵,曾艳华,范磊,等.寒区隧道温度场的时空演化规律及温控措施研究[J].中国铁道科学,2016,37(03):46-52.